経済成長戦略と上場会社法

（令和6年7月24日開催）

報告者　武　井　一　浩
（西村あさひ法律事務所パートナー弁護士）

目　　次

Ⅰ．株式交付制度の見直しを含む株対価 M&A の活性化 ·················· 2

1．株対価 M&A（株式交付）に関する制度改正 ························· 2

2．イノベーティブな法改正であった令和元年会社法改正の株式交
付制度創設··· 4

3．株対価 M&A によるイノベーション促進等 ·························· 4

4．固定価格での規制を課すことで株対価 M&A を実施困難にし
ている現物出資規制 ·· 6

5．組織再編の効果の因数分解（組織再編の一種であっても合併と
すべて同じ規律にそろえる必要はない）····························· 6

Ⅱ．成長戦略（イノベーション・積極投資促進）の観点からのガバナ
ンスの実質化と上場会社法制～サステナビリティ・ガバナンス/
DX ガバナンス（アジャイル・ガバナンス）/複雑化するコンプラ
イアンス社会を踏まえて·· 10

1．ガバナンスの基本は自律·· 10

2．CG コードによるボード機能の見える化 ···························· 11

3．自律と他律の境界線··· 12

4．現在でも重要政策課題である「イノベーション促進・積極投資
を実現するガバナンス」··· 13

5．人的資本改革（費用から投資へ）等の企業を取り巻く状況········· 14

6．サステナ・DX 等の複雑化する利害調整の中で「決められる企
業体」であること·· 15

7．成長を示すロジカルな発信における伸びしろ······················ 17

8．重要性が高まるサステナビリティ・ガバナンスとその難しさ······ 18

9．不可避となっている DX ガバナンス/AX ガバナンス（アジャイ
ル・ガバナンス）·· 21

10. サステナ社会とDX化（アジャイル・ガバナンス）を踏まえ複雑化し難度が高まるコンプラ対応……………………………24

11. 板挟みによるキャンセル現象（萎縮効果によるイノベーション・挑戦への悪影響）……………………………27

12. サステナ/アジャイル・ガバナンス/厳格化するコンプライアンスを踏まえ第1層に求められるガバナンス態勢～Due process的発想……………………………31

13. 前に進められる力/決められる力/闘える力がイノベーションを生む（攻めのガバナンスを支える）……………………………32

14. 横ぐしを刺す各種試み（サステナビリティ委員会、統合報告書等）……………………………33

15. 「自律の連鎖」（セルフガバナンス）とそれを支える2層（法務等）の伴走機能の整備の重要性……………………………34

16. 2線を含むガバナンス人材等への人的資本改革の貫徹が道半ば…35

17. イノベーションを支える2層の役割……………………………38

18. 2層に関する各種のアンコンシャスバイアス……………………………40

19. サステナビリティ時代における直接民主制の難点………………42

討　　議……………………………44

報告者レジュメ……………………………60

金融商品取引法研究会出席者(令和6年7月24日)

報 告 者	武 井 一 浩	西村あさひ法律事務所パートナー弁護士

会　　　長	神 作 裕 之	学習院大学法学部教授
委　　　員	飯 田 秀 総	東京大学大学院法学政治学研究科教授
〃	尾 崎 悠 一	東京都立大学大学院法学政治学研究科教授
〃	加 藤 貴 仁	東京大学大学院法学政治学研究科教授
〃	河 村 賢 治	立教大学法学部教授
〃	小 出　　篤	早稲田大学法学部教授
〃	後 藤　　元	東京大学大学院法学政治学研究科教授
〃	齊 藤 真 紀	京都大学法学研究科教授
〃	中 東 正 文	名古屋大学大学院法学研究科教授
〃	松 井 智 予	東京大学大学院法学政治学研究科教授
〃	松 尾 健 一	大阪大学大学院高等司法研究科教授
〃	萬 澤 陽 子	筑波大学ビジネスサイエンス系准教授
〃	宮 下　　央	ＴＭＩ総合法律事務所弁護士
〃	行 岡 睦 彦	神戸大学大学院法学研究科教授
オブザーバー	三 井 秀 範	預金保険機構理事長
〃	齊 藤 将 彦	金融庁企画市場局市場課長
〃	坂 本 岳 士	野村證券法務部長
〃	三 宅 ヨシテル	大和証券グループ本社経営企画部担当部長兼法務課長
〃	本 多 郁 子	ＳＭＢＣ日興証券法務部長
〃	安 藤 崇 明	みずほ証券法務部長
〃	窪　　久 子	三菱ＵＦＪモルガン・スタンレー証券法務部長
〃	松 本 昌 男	日本証券業協会常務執行役自主規制本部長
〃	森 本 健 一	日本証券業協会政策本部共同本部長
〃	坪 倉 明 生	日本証券業協会自主規制企画部長
〃	塚 﨑 由 寛	日本取引所グループ総務部法務グループ課長
研 究 所	森 本　　学	日本証券経済研究所理事長
〃	髙 木　　隆	日本証券経済研究所常務理事
〃 (幹事)	高 逸 薫	日本証券経済研究所研究員
〃 (幹事)	永 田 裕 貴	日本証券業協会規律本部規律審査部課長

(敬称略)

経済成長戦略と上場会社法制

○**神作会長**　おはようございます。それでは、ただいまから金融商品取引法研究会の第8回目の会合を始めさせていただきます。

　本日は、既にご案内させていただいておりますとおり、西村あさひ法律事務所パートナー弁護士の武井一浩先生から、「経済成長戦略と上場会社法制」というテーマでご報告をいただきます。その後、ご報告をめぐって討論を行っていただければと考えております。

　本日は、上場会社法制に関するテーマということで、東京証券取引所で現在上場制度をご担当されておられます上場部企画グループの信田裕介様にもご出席をいただいております。また、オブザーバーの変更がございましたので、あわせてご紹介させていただきます。日本証券業協会の横田裕様にかわりまして、本日より坪倉明生様がご参加くださいます。どうぞよろしくお願いいたします。

　それでは早速、本日の議題に入りたいと思います。まず、武井先生からご報告をよろしくお願いいたします。

［西村あさひ法律事務所　武井パートナー弁護士の報告］

○**武井報告者**　武井でございます。よろしくお願いいたします。レジュメが遅くなりまして大変申しわけございませんでした。

　長いレジュメになっていますが、「経済成長戦略と上場会社法制」という、やや大き目のテーマでございます。日本経済の成長戦略の在り方について、上場企業に関する各種論点を法制面と実務面と両面からいろいろと感じており、また取り組んでおります中で、幾つかお話ししたいと思っております。

　最初の2～3割ほどは、経済成長戦略として新しく選択肢をつくるという観点でのお話です。日本の経済成長戦略も軌道に乗りつつあると思いますが、今はイノベーションが本当に大切な時期です。まだまだ制度的にもやるべき

ことがいろいろある中で、上場会社関連の話となりますが、いろいろな選択肢の解禁という観点です。前回、こちらの研究会でもお話をしました株対価M＆Aに関して、直近でいろいろな進展があると理解しておりますので、その話を最初の2～3割いたします。

　そのあとですが、イノベーション促進、積極投資等は10年前からも今も変わらず経済成長戦略としての重要イシューです。こうした成長戦略の一環でガバナンス改革がこの10年の間に進み、ガバナンスという概念が世の中でとても浸透して、かついろいろな場面で使われております。上場企業関連では、企業のレジリエンス概念にまでリンクしているサステナビリティに対する諸対応としてのサステナビリティ・ガバナンス、DX・AIガバナンスを例としたアジャイル・ガバナンスなど新たな展開があり、こうした事項にいかに向き合うのかが、イノベーション、積極投資の進展のためにも重要となっております。これらの点はまさに経済成長戦略の実現に向けたガバナンスの実質化、実装化に向けた諸論点ということになりますので、上場企業の成長戦略としての現場目線からの事項を後半の7～8割でお話しようと思います。よろしくお願いいたします。

Ⅰ．株式交付制度の見直しを含む株対価 M&A の活性化

1．株対価 M&A（株式交付）に関する制度改正

　では、早速ですが、最初の2ページです。大半の上場会社はグローバルに競争しなければいけない。資本市場としてのグローバルだけでなく、サプライチェーンを含めてグローバル化しております。経済自体が、デジタル化を経て完全にグローバル経済なので、日本以外の他の国の企業ができていることで、日本企業ができていないことがあるとしたら何か理由があるのか。過去何十年ぐらい前からの一定の制度的な均衡でその選択肢は必要がなかったとか、禁止していたとか。禁止していたものは少ないのかもしれませんが、数十年前のバランスでやってこなかったことが、今、本当にできないのか。ということを、何年に1回か、法制度的にもきちんとアップデートしなけれ

ばいけない。その１つの例が株対価Ｍ＆Ａなのだと思っております。日本ほど、再編やＭ＆Ａにおいて株が活用されていない国はないのだと思っています。

３ページです。その中で、前回の研究会でも株対価Ｍ＆Ａに関する話をさせていただきましたが、昨今、ことし６月に一定の内容の閣議決定がなされたと理解しております。以下の内容等の株対価Ｍ＆Ａの活性化に関して会社法の改正を検討し、法制審への諮問等を行い、結果を得次第、法案を国会に提出するということで、４点あがっております。

１点目が、買収会社が上場会社である場合、当該上場会社の株式流通市場における株式売却の機会が担保されていることを踏まえ、当該買収会社の反対株主の買取請求権、私はいつも当事会社をＰ社、Ｓ社で話していて、Ｐ社が株を取得する側なり親会社、Ｓ社が子会社ですが、要はＰ社側の株式買取請求権を撤廃するという話でございます。

２点目が、現行法上、株式交付は制度利用可否を一律に判断する観点から、Ｓ社が外国会社ではいけないという規律を、Ｓ社が何で外国会社ではダメなのかという形で、Ｓ社について外国会社であることを解禁すると。

３点目が、今の株式交付制度では、Ｐ社が、それまで子会社ではなかったＳ社を子会社化する瞬間、今、ワンショットでしか使えないのですが、これに関して、既に子会社であったり、連結子会社がＳ社であっても大丈夫であるようにすると。

４点目は混合対価関連でして、Ｐ社が現金と株、両方混ぜるときに、混合対価の場合、Ｐ社側に債権者保護手続が必要なのですが、これを不要にすることはできないか。

これら４点が、株式交付制度の見直しという形で、これを今後、法制審でも議論してくださいという閣議決定がされているという進展があるということでございます。

２．イノベーティブな法改正であった令和元年会社法改正の株式交付制度創設

4ページです。株式交付制度は、まさに令和元年の会社法改正で株対価Ｍ＆Ａに関して、それまで産業競争力強化法の特例とかでやっていたところ、ようやく会社法の本法で正面から受けとめた、私から見るととてもイノベーティブなすばらしい改正であったと思っています。その上で、株式交付制度に関する射程がまだ狭い点を見直すべきだと思っています。

もともと、Ｍ＆Ａを行うときに、現金対価のほうがいいとか、株対価のほうがいいという100/0の世界ではなく、その時その時の中立的な選択肢ですので、株対価が使いにくいというのがそもそもおかしい。現金対価なのか株対価なのか、混合対価を含めて、ある程度柔軟に選べることが望ましい世界だと思っています。ただもちろん、株を出すときにはいろいろな規律があり得るので、その規律の問題になってくるわけです。

令和元年会社法改正で株式交付制度ができて、組織再編税制で税のほうの手当てもされました。税の話とは何かというと、Ｓ社株主の手元のＳ社株がＰ社株に変わる。それに伴い起きるＳ社株式の譲渡損益課税を繰り延べるというのが税制措置です。税制面では株式交付は、法人税法上の組織再編税制の外である、租税特別措置法の世界で課税繰延べ措置が手当てされています。株式交付であれば租特の措置がありますが、いかんせん、今の株式交付の射程や規律上の論点があることから、現状、産競法上の特例も残っている状態になっています。

３．株対価 M&A によるイノベーション促進等

5ページは「株対価Ｍ＆Ａの意義」ということです。言うまでもありませんが、結局、Ｐ社がＳ社を取得するのに金銭でＳ社に幾ら払うかというのは、手切れ金という言い方はあれですが、要は「はい、さよなら」というお金になるのです。だから、現金を好むＳ社の株主もいますが、他方で株を渡すというのは、これから一緒に一定のバリューをつくろう、シナジーを発揮しようという形の効果もありますので、現金ばかりではなく、株もきちんと渡し

て、これから一緒にバリューをつくろうと。特に昨今のGX、DXの時代には、一緒に価値をつくるということも大変大事なので、そういった観点で、エコシステムの形成上、株対価は大変重要な選択肢である。現に、海外では株対価がたくさん使われております。実際にはオール現金、オール株という話よりは、一定程度混ぜる。株と現金との適正な混合比率があるという形での、混合対価が大変多いわけです。

大規模なM＆Aに関して、いろいろなデータがありますが、データのとりかたにもよるかもしれませんが、欧米では何でもかんでもキャッシュでお金を調達するわけにもいきませんので、３～５割ぐらいは混合対価です。シリコンバレーなども多くが混合対価を活用しているわけです。そういった中で、混合対価は日本ではほとんど起きていない状態で、これはさすがに法制上の理由があるのではないかということです。

６ページはまとめた表ですが、Ａ、Ｂ、Ｃ、Ｄとなっていて、下がＳ社の株を100％未満取得で、今回、話しているのはＣとＤの世界です。ＡとＢは強制取得で組織再編行為になるわけです。これはこれでいろいろな課題があるのですが、ＣとＤの部分に関して、もう少しきちんと射程を拡大すべきではないかということです。

７ページは、先ほどのやや繰り返しになりますが、本当にいろいろな形で、今、ニーズが高いというか、イノベーション促進、シリコンバレー系、新興企業など。新興企業の場合は、手元に現金があるかないかではなく、現金はほかに使わなきゃいけないいろいろな場があるので、いろいろな企業と組むときの投資に当たって、何でもかんでも現金対価でなければ組めないということでは困ると。あと、DX、GXへの対応。あと昨今のNISA改革と資産運用立国等で進む日本株の国際的魅力の向上もあるでしょう、さらには現下でこれだけ円安ですと、日本株を使っての組み方も手法として大事になるという点です。

さらに、大規模M＆Aのときは、当然オールキャッシュで調達するのは難しいので、株対価の選択肢が重要だということです。

４．固定価格での規制を課すことで株対価 M&A を実施困難にしている現物出資規制

　８ページから法制の話になります。「株式交付制度の拡張がなぜ必要か」ということで、要は会社法上の話としては、現物出資規制の話になります。現物出資規制は株対価 M&A をなぜ阻害するかといいますと、法制的には、Ｐ社取締役及びＳ社引受株主の価額填補責任の話と、検査役調査の話と、Ｐ社における有利発行規制の話になるわけですけれども、端的に言うと、もともと株対価というのは交換比率、比率で決めている。それを、現行の現物出資規制は、下に矢印を描いていますが、約定後のクロージング時点で、わざわざそれを〇円、〇ドルという固定の金額・価額に置きかえて、そこから有利・不利、足りる・足りないということをやっている。そのこと自体が、そもそも株対価におけるディールの本質に合っていないのです。

　約定時点の比率で決めているにもかかわらず、それをクロージング時点でわざわざ〇円という価額に置きかえて、そこから足りている・足りていない。こういうことをされていると、もう株対価のディール自体がおよそできない、成り立たないわけですね。約定時点のあと、クロージング時点でどうなっているのかは誰にもわからないわけで、こんな不確定要素の下ではそもそも実施できないわけです。そもそも現物出資規制なるものが株と株との比率交換を前提としたものになっていないわけで。何十年前はそんなに株対価はなかった。その頃は合併しかなかったので、そのような昔の現物出資規制であって、昨今これだけ欧米も株対価を使っている中で、現物出資規制自体をどう直すか。直さないと対応できないというのが法制度上の本質的な議論になってくるわけです。

５．組織再編の効果の因数分解（組織再編の一種であっても合併とすべて同じ規律にそろえる必要はない）

　その上で、９ページですが、今回、令和元年のときに、株式交付を組織再編に位置づけるという形で、組織再編なのだから今の射程なのですという言

い方もされますが、本当にそうなのかという部分があります。組織再編とは
何ぞやという部分です。もともと組織再編は、何十年前までは合併しかなかっ
たわけで、合併という組織再編の中に含まれている効果が幾つかあるのだと
思います。合併の場合、Ｓ社の権利義務を包括的に承継します。合併の場合、
要はＳ社を、清算手続を経ないでこの世の中から消さなきゃいけないので。
起きていることは、ほかにもあるのですが、大きくは３つあります。

　１つ目が、Ｓ社の権利義務を包括的にＰ社に承継させること。いわゆる包
括承継ですね。２つ目が、Ｓ社株式を、Ｓ社の総会の多数決でＰ社に移すと
いう強制収容。３つ目が、Ｐ社はＳ社株を受け取ってＰ社株を発行する、現
物出資なのですが、Ｐ社において現物出資規制の適用除外にする。この３つ
の効果が起きています。その中で、合併はそういう形で３点セットが起きて
いました。

　その上で私の理解ですが、平成12年、平成13年の商法改正のときに、こ
れを因数分解したと思っています。Ｓ社の権利義務の包括承継の箇所を切り
取って会社分割とした。Ｓ社株の総会多数決での強制収容に関しては株式交
換とした。そういう形で因数分解した。

　その上で株式交付は、上の１、２はバツ、関係ないわけです。別に権利義
務を包括承継しませんし、Ｓ社株の強制収容もしません。そういうときに、
３つ目の現物出資規制の適用除外をするのに、合併と同じでないと株式交付
なるものは組織再編と言えないという話ではないのだと思っています。むし
ろ、現物出資規制の適用除外を考えるのであれば、なぜ株式交付のときに現
物出資規制の適用除外なのかという理屈を考える。その理屈の１つは、Ｓ社
に関する情報がＰ社の株主に全部開示されて、簡易要件はありつつもＰ社株
主の意思決定を経ているということが、１つの要素になると思っています。
そういう意味で、合併とかと同じ規律で揃っていないと株式交付は組織再編
ではないという理屈はおかしくて、ちゃんと因数分解する必要があると思っ
ています。

　ちなみに、日本の法人税制上は、１と２があるものを組織再編税制の組織

再編と呼びました。そして税法上は、3の株式交付は組織再編税制の中に入れなかったわけです。法制度の目的ごとに考えるべき話であって、株式交付は会社法上の組織再編と呼んでいいのだと思いますが、先ほどの閣議決定になった4つの点については、別に「現行の会社法上、株式交付は組織再編である」と言っていてもできることではないかと私は考えています。因数分解して、何でも合併と同じにしなくてもいいと思っているということです。

　10ページです。今、株式交付制度は既に現物出資規制の例外です。これは現物出資規制の話なので、改めて一から現物出資規制の議論をすることもあり得るかと思いますが、別に株式交付は既に現物出資制度の例外なのですから、さらに例外をつくるよりは、既に税制上の措置のある株式交付というものに射程を広げるというほうが相当早いですし、株式交付制度の中で、さっき言った4点ぐらいを含めもっとあるのですが、株式交付の射程を広げたり規律を見直すということをやるべきだと思っています。

　（2）の外国会社のところも、要はさっきの1、2みたいに、Ｓ社の権利義務が強制的に移るとか、Ｓ社の株が強制的に移転するとなると、確かにＳ社が外国会社だとうまくいかないなというのはわかるのですが、3の現物出資規制はあくまでもＰ社だけの話なので、そのときに株式交付に関して、何でＳ社について外国会社がだめなのかということは、議論して射程に含めるべきだと思っております。

　11ページです。図にしてみたのですが、今までの議論が会社法上の組織再編の中に何となく合併も株式交換も会社分割も株式交付も、みんな会社法上の組織再編としては同じだ。それ以外の右側のところに現物出資規制があるわけです。

　それに対して今後の見直しということでは、合併、会社分割、株式交換、現行の株式交付、射程を広げた株式交付の中で、会社法上の組織再編行為がこの11ページの図にあるとおりで、合併から株式交付まで全部、組織再編行為です。なお法人税法上は、合併、会社分割、株式交換プラス、それ以外のＳ社株の強制収容行為（スクイーズアウト系）、これも全部、今、組織再編税制に入ってい

8

るわけですが、そこは法人税法上は組織再編になる。制度ごとに、その目的によって効果は違うので、会社法上は、射程を広げた株式交付であっても会社法上の組織再編と呼ぶ中で、射程を広げることはできるのだと思っております。

12ページで、Ｐ社側の買取請求権。これは簡易でない場合の話ですが、現行の産競法だと、買取請求権の対象外です。これもどういう場合に抜くかに関しては、いろいろな論拠次第、上場会社に限るかどうかも論拠次第だと思いますが、少なくとも買取請求権があると、さっき申しました混合比率とかの関係で、せっかく決めたのに、マックス３分の１に至るまでのキャッシュアウトがあり得る不確実性はとても許容しがたいのです。ですので、この部分はきちんと外していただかないと、なかなか使いづらいということです。

あと、３（１）の簡易要件の判定において、現金対価部分は外して算定すること。これはさっきの要素にも入っていましたが、混合対価で考えたとき、今、簡易要件の２割の判定のときに、株アンド現金で２割ですが、これも現金対価部分を外して算定できないのか。あと、（２）混合対価で現金を交付する場合、Ｐ社側の債権者保護手続を不要とすること。

これらの部分に関して、少なくとも、組織再編だから合併と同じで、全部そのまま一蓮托生という議論をちゃんと因数分解して、合理的に考えて、今、普通にほかの国でできていることを達成する。そこには株対価における課税繰り延べも含まれますが、これらをきちんと達成するべく、法制度について、せっかく令和元年改正で株式交付制度がイノベーティブに創設されましたので、もう１バージョン進めていくことが大事かと思っています。

４ですが、金商法とか証券法の関係で言うと、株対価、特にＳ社側が上場会社の場合はほとんど使われていないのです。これはＳ社側のTOB規制の部分の調整がうまくできていないということが大きいので、今回の株式交付制度に関して射程を広げることに伴って、Ｓ社側が上場会社の場合のいろいろな金商法上の規制も徹底的に総ざらいして見直すべきだと思っています。

以上が２～３割のパートの前段の株対価の話で、前回の話の続きでございました。

Ⅱ．成長戦略（イノベーション・積極投資促進）の観点からのガバナンスの実質化と上場会社法制～サステナビリティ・ガバナンス/DX ガバナンス（アジャイル・ガバナンス）/複雑化するコンプライアンス社会を踏まえて

1．ガバナンスの基本は自律

　後半は 13 ページからですが、ガバナンスに関する話で、「経済成長に資するガバナンスと上場会社法制」でございます。日頃コーポレートガバナンスに現場で取り組んでおります観点から、実務現場で感じられることを踏まえてお話しできればと思っています。これらの現場からの話は、今後の上場会社法制の設計、制度論にも視点等の点で関連するところがあると考えております。

　14 ページです。ガバナンスコードを経てちょうど約 10 年前後たちましたが、2015 年のガバナンスコードも、法制度に関する議論に限らず、いろいろな場所で 1 つのガバナンス改革を日本で進めたという形で、相当高い評価がなされているかと思います。現在の経済成長戦略の観点からも一定の成果を上げているという評価が少なくないのだと思っています。

　その中で、ガバナンスコードにおいてガバナンスが定義されておりますけれども、●に書いてあるとおり、「会社が、株主をはじめ顧客・従業員・地域社会等の立場を踏まえた上で、透明・公正かつ迅速・果断な意思決定を行うための仕組み」、これは昔からある定義です。これに加えて、「持続的な成長と中長期的な企業価値向上のための自律的な対応を図る仕組み」。ここが大事で、ガバナンスというのはこの定義にあるとおり、自律的な対応、要は経営の自律性を失わないための取り組みだと思っています。要は、自分のことを自分で決められる企業体ですかというのがガバナンスだと。自分のことを自分で決められない企業体は成長しないので、自分のことを自分で決めて大丈夫な企業体になってくださいというのがガバナンスの定義だという形で明記されたのだと思っています。

ちょうどこのガバナンスコードができたとき、ガバナンスという用語について、コンプライアンス概念とは表裏一体の部分があったので、ガバナンスをやっても企業価値は変わらない、守りだけでしょうという考えもありました。それがこの10年で急速に議論が進んで、特に昨今、いろいろな事象があるたびにガバナンスという言葉を聞かないことがないぐらい、ガバナンスという言葉が浸透したわけです。企業価値そのものとガバナンスという言葉は本当に表裏一体になっています。それを踏まえて、ガバナンスをどのように実装するかという実質論になっていると思います。それは経済成長戦略という観点からも、ガバナンスの本質をきちんと攻めていくということが大変大事だいうことだと思われます。

3「ガバナンスに関する切り口」はいろいろありますが、①パーパスを踏まえた自律の連鎖があるかどうかという切り口で見る人もいれば、②各構成員の動機づけ（インセンティブ）という仕組みでの見方もあれば、③アカウンタビリティをどう果たせるかとか、いろいろな切り口でガバナンスというものが説明され、分析されているということかと思います。

2．CGコードによるボード機能の見える化

15ページです。10年前のガバナンスコードで私から見て一番大きかったと思いますのは、ボード機能の見える化です。ボード機能というのはCGコードの第4原則で、会社法的にいうと監査役会も入っていますが、取締役会のボード機能。これは3つの要素に整理されています。（1）企業戦略等の大きな方向性を示すこと。（2）経営陣幹部による適切なリスクテイクを支える環境整備を行うこと。特に適切なリスクテイクというのが大事で、多角的な視点から骨太な議論をすることと、失敗がないと成長もありませんから、失敗から学ぶ経営でないとリスクテイクはできないことと、挑戦を支える機能であること。（3）それらを踏まえた上で、独立した客観的な立場から、経営陣に対する実効性の高い監督（指名、報酬、監査機能を含む）を行うということ。これらがボード機能となります。

この 10 年で、どの機関設計をとろうが、監査役会設置会社をとろうが何をとろうが、このボード機能の実装が相当目に見えて進んでいます。10 年前の取締役会とは本当にさま変わりしています。まだまだオンゴーイングですが、10 年の間にさま変わりしました。

　あと、機関投資家を招き入れるにしても、機関投資家の方、特にパッシブの方は、基本的には個社に口を出すような費用対効果の低いことよりは、上場会社のほうにガバナンスの実装をしていただいたほうがよいわけです。基本的には任せたいわけです。ガバナンスを整備してちゃんと行ってもらうという意味で、ボード機能がちゃんと発揮されることは、2 層のボードに限らずマネジメントの 1 層もですが、ガバナンスがきちんとしていることが大事だということになります。

３．自律と他律の境界線

　16 ページはいつも私が使っている絵なのですが、「自律と他律の境界線」という言い方をしています。1 層、2 層、3 層という言葉で説明しているのですが、1 層が英語でいうとマネジメント、業務執行者の方々。2 層がボード機能、監督の方々。監督というのも相当多義的で、業務執行、1 層の中にももちろん監視監督があります。あと、1 層と 2 層の中間、1 層の中の 1 線、2 線、3 線の 2 線、3 線が右側の斜めに刺さっています。これらの機能も相当重要性が高まっています。2 線、3 線を含めての 1 層があって、それに対して 2 層のボード機能の監督がある。当然、ボード機能は、単体の企業でいうと取締役会ですし、企業集団でいうと持株会社とか親会社が、子会社との関係では 2 層になり得るわけです。なお企業集団における親子関係での親会社側の 2 層機能は、1 層的な監視監督に近い場面も多々ありますので、ケースバイケースです。

　そして 2 層までが自律で、2 層までで自分で決められたら自律なのですが、3 層のお世話になってしまうと他律になってしまう。3 層は外なので、株主、マスメディア、行政当局を含めて、自律・自浄作用が働かないと、こういっ

た３層の方々が「それではおかしい」となって、自分で自分のことを決められない他律の世界になってしまう。なので、１層、２層でいかに適切な意思決定をしていくかということが問われます。

４．現在でも重要政策課題である「イノベーション促進・積極投資を実現するガバナンス」

17ページです。冒頭に申し上げましたように、イノベーションをどうやって支えていくかという点です。攻めのガバナンスというのが10年前に言われましたが、成長投資とかイノベーション促進等の現在の政策論点を考えますと、依然として重要なのだと思います。しかもこれはガバナンスコードの制定時からきちんと挑戦しましょうという形で、17ページには10年前の日本再興戦略の３本目の矢の話を書いていますが、これは今読んでもあまり変わらない、今でも妥当する話です。どんどん挑戦していってほしい、積極投資をしていってほしい、グローバル競争に打ち勝つための攻めの経営判断を後押ししたいというのがガバナンスコードで、この目的は現下の経済成長戦略においても求められている事項だと思います。積極投資は今でも重要な経済成長課題です。ですのでこれからもコードの実装化が重要なのだと思います。

それを具体化して18ページですが、これもガバナンスコードに書いてありますが、ボードの役割を含めて、攻めのガバナンス、会社の意思決定の透明性・公正性を担保しつつ、これを前提とした会社の迅速・果断な意思決定を促すことを通じて、いわば「攻めのガバナンス」の実現を目指すものである。本コードでは、会社におけるリスクの回避・抑制や不祥事の防止といった側面を過度に強調するのではなく、むしろ健全な企業家精神の発揮を促し、会社の持続的な成長と中長期的な企業価値向上を図ることに主眼を置いているという序文があります。

取締役会に関しても、原則４－２で、経営陣幹部による適切なリスクテイクを支える環境整備を行ってほしいと。独立した客観的な立場において多角

的かつ十分な検討を行うとともに、承認した提案が実行される際には経営陣幹部（マネジメント）の迅速・果断な意思決定を支援すべきであるという形の整理がされています。企業にどんどん挑戦してほしい、積極投資をしてほしいということを書いている。これらの部分の目的は、依然としてまだ失われておらず、これがあって成長戦略の１つの重要なところがさらに完成していくのだと思います。

５．人的資本改革（費用から投資へ）等の企業を取り巻く状況

　それも含めて 19 ページ、今の環境要因です。ガバナンスの関連事項についていくつか述べます。

　１番めは釈迦に説法なのであまり申し上げませんが、東証さんでの市場構造改革が進んでおります。昨年からの「資本コストや株価を意識した経営の推進」で、これを意識した計画が去年から急速に進んでいるということです。

　また、資産運用立国という重要な政策も着実に前に進められています。

　日本経済全体の状況についてはいろいろな見方がありますが、回復基調にはなっているという見方が多く、例えば法人税額はバブル前を超えたのではないかという試算もあります。そういった中で、アメリカのような株価上昇益と配当収入が家計消費を支えるぐらいの株式資本主義までいくかどうかはいろいろな議論があるかと思いますが、エクイティの目線からの成長戦略が進められているということになります。ただ成長の「上の句」を読むのはあくまで企業側なので、上の句を読む企業側がきちんと「グローバル競争に打ち勝てる強い企業体であること」の重要性はより増していると思います。

　その上で、最近の特徴的な事象が幾つかあります。第一が人的資本改革です。人の付加価値をどう高めますかというイシューは、日本に限らず世界中で起きていることです。ヒトについて、どうしてもバブル期を含めて費用削減の中に人件費も入って、削られて投資されなかった。これをここ数年の間、人的資本改革ということで、この人的資本改革も相当浸透していますが、「費用」から「投資」へというかけ声のもとに人的資本改革が行われています。

14

積極投資が攻めのガバナンスとして求められるところ、研究開発も無形資産として最後はヒトなりに帰するものが少なくないですし、ヒトへのペイの上昇を含め、人的資本改革はまさに積極投資としても重要視されています。成長戦略を支えるだけの経営資源に積極投資をすること。この点は、10年前よりは改善しつつあるのでしょうが、コロナ等もあり、依然として日本企業の重要課題となっています。

　第二に、グローバル化の中でのサステナビリティ・ガバナンスへの対応です。これは人的資本も絡んでいますが、サステナビリティに関していろいろ向き合って、社会と共生する形での持続的な成長をつくってほしい。これがサステナビリティ・ガバナンスです。その一環のグローバル化の中で、サプライチェーン・マネジメントもリアルタイムで相当進んでいます。

　第三に、DX化はもう避けられません。DX化の中には当然AIも入ってくるわけですけれども、アジャイル・ガバナンス、データの重要性、データガバナンス、data free flow with trust（DFFT）の推進、データの独占者に対するデジタル市場法制のいろいろな切り口、サイバーセキュリティ、これらに向き合って成長していかなければいけないという状況です。

　昨今の情勢を見ると、国家経済安全保障もサステナビリティの課題になっていて、企業はこういった点にも向き合わなければいけない。

　こういったことも全部含めると、最後に、特にいろいろな形でコンプライアンスが大変厳格化している。これは社会におけるDX化の影響もいろいろあると思いますが、厳格化するコンプライアンス社会。これらの点に向き合って、上場会社は成長戦略を描いていかなければいけない、イノベーションしていかなければいけないというのが、昨今の状況でございます。

6．サステナ・DX等の複雑化する利害調整の中で「決められる企業体」であること

　その上で、20ページです。幾つか論点はあると思いますが、イノベーション、攻めのガバナンスを実現していくために一番大切なことは、第1層の部

分をどう強化するかという部分をきちんとやっていくこと。ここが重要になります。

その上で一つ目の視点として、先ほどのガバナンスの自律概念、自分で自分のことをきちんと決められるということも踏まえ、「決められる企業なのか」というのが結構大事だと思います。いろいろな調査結果で今でも紹介されますのが、創業系の会社、創業者社長が率いている企業体のほうが、PBRやROIC等についてより高いのではないかと言われることがあります。これは別に何でもかんでも決めればいいという話ではないと思いますが、やはりスピーディーに決められるという視点、そのためには何が正しいのかを効率よくスピーディーに決められるガバナンスあ大事なのだと考えられます。

サステナとDX、アジャイル・ガバナンスの話を足しますと、要は利害調整が極めて複雑化しているということなのです。もともと経営行為自体が利害調整行為なのですが、その調整、整備がとても複雑化している。そうした中で、どうやってイノベーションや挑戦をしますかということを、1層は今いろいろと現場で取り組まれているところでございます。あまりに複雑な利害の方程式を考え過ぎても、何も決められないことになる。でも、決められないと成長しないので、どうやっていろいろな考慮すべき利害を含めて決めますかということが大事だと思っています。そこを含めて、1層の中にある1線、2線、3線の強化がどうあるべきかが論点だと思っています。

そして「決める」「決められる」という意味でも、人的資本にもかかわりますが、「経営人材」こそが、まず貴重な人的資本であるという視点を持って、制度のあり方を考えなければいけないと思っています。

そして1層の強化があって初めて、次に1層に対して2層の監督のあり方、監督と執行の分離の実質を考えるということがございますし、さらに言うならば、3層の関与等のあり方、所有と経営の分離のあり方を考えることが重要になると思います。まず1層がきちんと、どう強くなるかという部分を考えるのが、ガバナンスの話だと思います。

7．成長を示すロジカルな発信における伸びしろ

　それを踏まえて 21 ページの 1 はよく言われている論点ですが、日本企業の伸びしろとして、ロジカルな発信というか、エクイティガバナンスに向けた発信。これは日本の会社は法制度を含めて相当やられていますし、東証さんを含めて相当取り組んでいらっしゃるので、着実に前に進んでいると思います。要は、今までの過去の正確な数値という企業会計に乗せたデッドガバナンス的な発信以外に、将来に対してどうやって当社が成長する、当社に投資していただいて構わないという形の、将来への期待をきちんと示すロジカルな発信。この部分は投資家と企業との間の建設的な/対話の中で、これも 10 年前とは相当さま変わりしていると思います。

　1 から 5 にいろいろ書いてありますが、いろいろな切り口でのロジカルの例がありますということです。「コンピテンス」を軸に「目指す姿」の実現のための「長期戦略」とか、投資家側の期待をマネージする発信だったり、資本コストを上回る投資戦略だったり、相対比較といいましたか、ほかの企業との競争優位性をもっと高めてほしいとか、あとは、企業会計の数値だけでは将来への訴求ではないので、forward looking な情報を出してほしい、バックキャストとか、いろいろな部分が出てきています。

　そういったいろいろな整理でのロジカルな発信は相当できつつある企業さんも多いのですが、当然、今後とも市場との対話を含めたいろいろな模索が続くと思います。成長を示すロジカルな発信はまだまだ伸びしろがあると思います。どうしても日本企業は謙虚というか保守的な方も多いので、できもしないことを言わないというところはすばらしいと思います。それを前提に将来に向けたロジカルな発信のロジカルは、1 層としてやる。特に昨年の東証さんの市場構造改革以降、IR 部門/SR 部門のさらなる整備が進んでいると理解しています。企業さんも本腰を入れて積極投資を始めつつあるということでもありますし、ロジカルな発信のあり方に関しては、今後ともいろいろな対応を繰り返しながら、ロジカルを模索する、醸成していく話だと思いますので、この部分に関しては日本企業はまだまだ伸びるのかなと思います。

8．重要性が高まるサステナビリティ・ガバナンスとその難しさ

その上で、22 ページからサステナビリティ・ガバナンスの話です。この点はきわめて重要なイシューとなっています。サステナの話は企業として向き合わないといけないわけで、上場会社はサステナビリティをめぐる諸要請に対応しないことには、もうレジリエンスではないというところにまでリンクしてきています。サステナビリティ概念とレジリエンス概念とが密接にリンクしてきていて、適者生存社会の中で、サステナビリティに順応しなかったら生きていけないのではないかとなっています。

経産省さんの概念ですが、サステナビリティ・トランスフォーメーション（SX）という概念が出てきています。社会のサステナビリティと企業のサステナビリティを同期化させて、そのために必要な企業戦略をつくってほしい。そのロジカルな発信として、有報とか TCFD 等でも示されている 4 要素、その中でも「リスクと機会」という形で、どういうサステナにどういうビジネスチャンスがあるかという機会もきちんと開示するようになっている。ちなみに、そのリスクと機会に対して、そういったことをちゃんと実現できる体制というのが 4 要素の中のガバナンスなのだと思います。非財務情報の開示の 4 要素の中でガバナンスは必要的に会社が開示する要素であるという建付けになっています。

SX 概念の中で、リスクへの対応だけでなく、きちんとした機会（オポチュニティ）の部分を SX の文脈できちんと語るのが 1 つのロジカルだという整理になっていると思います。ここはいろいろな企業さんが今取り組んでいるところですし、もともと日本企業は社歴の長い、100 年、200 年という企業さんも多くて、その中では当然、社会のいろいろな変化の中で、社会ときちんと共存してきたわけです。三方良しとか五方良しとか何方良しであろうと、そういったことに取り組んでこられた企業さんが多い。三方良しとか五方良しについて 3 directions とか英訳しても意味がわからないわけで、サステナという言葉が国際共通語でわかりやすくなったと私は思っています。そもそも日本企業の経営戦略上、サステナの概念にそんなに違和感はないわけです。

もともとパーパスとかという英語が使われる前から日本で企業理念、創業精神などの言葉があるわけで、そんなに違和感はないと思っています。その中で、実際にどうやって企業価値向上に向けてロジカルにどう示すのか。ロジカルのところが結構問われる。これがSXの部分です。有報とかTCFDとか、今ある4要素がロジカルな1つの要素なので、そこを踏まえてきちんと説明してくださいという整理が明示されたのはわかりやすくてよかったと思います。

あと、サステナの訴求というのは、日本に関しても、別に投資家だけのためではなくて、特に若年層も含めて、サステナと向き合っていない企業には、中途の方を含めて、優秀な人材が就職しないわけです。若年層の意識がとても高い。日本ではSDGs概念もよく出ていますから若い人の関心が高い。しかもこれは、日本でも個人株主の高齢化はイシューとなっていますが日本だけでなく、欧州とかでも、個人株主拡充のためには、個人株主の高齢化問題に対処するのに、当然サステナは大事でしょうという切り口の議論があります。そういう形で、資本市場の今後のあり方の上でも、サステナは、単に企業がもうかるかもうからないかという目線を超えて、ちゃんと社会のためになっている企業であってほしいという要請は、日本に限らずあるということだと思います。

ただ他方で、3番めに書いてあるのですが、難しい問題として、サステナ対応は、当然、社会に向き合うのですが、それは企業さんができる範囲でやるということで済んでいるのか。欧州を含むグローバルでの議論を見ていますと、サステナの分野に関して政府ができることにはどうしても限界があると。その中で、企業にもやってくれというか、企業の役割が増えている。企業に一定の対応・責務を求めざるを得ない、そういう社会構造の変化があると思います。そうなると、企業はできることをやるわけですけれども、グローバル化とDX化が進む中で、企業にやってほしいを超えた、やらなきゃいけないものが増えている。昔CSRと言っていたものとは全然違う事象なわけです。

23ページです。それに加えて、サプライチェーン・マネジメントの要請も本格化してきているわけです。自社だけでなく、契約関係のものまでdue diligence等で見て対応するということで、いろいろな要請やイシューが本格化しています。このあたりの話も大変難しい論点が多いところです。

そういった点で、5番めで、サステナ対応は利害調整が複雑・難解な事項が増えていきます。サステナの対象がもともととても広い。気候変動から人的資本・人権、自然資本、DX化対応、さらには国家経済安全保障も入っているという中では、サステナの対象がとても広い。広いというだけでも大変なのですが、同時に相互調整が相当大変な事項が増えているわけです。多くの事項について、総論では一致していても、各論ではなかなかというか、総論賛成は多いのですが、各論となると激しく対立する事項が相当多いという特徴があるわけです。AをとればBから激しくたたかれたり、あるいはAをとるとバランスが変わってBを新たに阻害するとか、いろいろなことが起きてくるわけです。どうバランスをとるのか、結構難しい判断が必要なので、総論まではいっても、各論のところでは、実は相当いろいろなことが起きるというのがサステナ対応の一つの本質ということになります。

しかも、サステナ対応の中には、イシューによるA、Bではなく、時間軸での対立もあります。中長期でやらなきゃいけないことに対して、今すぐやるべきとか、時間軸でもいろいろな形で対立が起きる。いろいろな切り口、いろいろな要素から、いろいろな対立、いろいろなことが起きる。いろいろな調整が多々必要になるというのが、サステナ事項の特徴だと思います。

ただ、サステナ対応は社会のあり方そのものでもあるので、市場原理だけだとサステナ対応はなかなか進まない。そういう中で社会に不満がたまって、社会の分断がさらに進み、それが何もしない制度、政府に対して政治的イシュー化するという形が欧米では現に起きているわけです。何もしないわけにはいかない。難しい事項ですが、きちんとできることをオールジャパンで向き合ってやらざるを得ない、難しくてもやらなきゃいけない、そういう状態になってきているということかと思います。いかにして前に進めていくか。

これがサステナビリティ・ガバナンスの論点になります。

9．不可避となっている DX ガバナンス/AX ガバナンス（アジャイル・ガバナンス）

　次に重要なポイントが 24 ページからの DX ガバナンス、AI ガバナンスです。DX は、単なる IT 化とかデジタル化では全然ないわけです。基本的には、デジタル社会・デジタル経済を通じて企業が新たな価値を創造して企業価値を高めることでございまして、たとえば 2019 年の日本経団連の DX に関する整理に書かれてあるとおりで、基本的に、単なる事務作業が効率化したとか省人化したということではなく、きちんと新たな価値を創出する。既成概念の破壊とか事業の見直し、変革、そういった根本的な変革が DX なのだと。X なので変革です。その後の 2020 年以降のコロナでさらに本格的に進んでいるわけです。

　DX を進めるとその中には、当然、AI が入っています。AI を含んだ DX 化というのは不可避的に前に進まざるを得ない。進んでいくというのは必然だという状態になっているわけです。

　25 ページです。その中で、DX における制度面を見たときは、大きなことが 2 つあって、①いろいろあった社会的課題に対して、これまでできなかった新たな手法・アプローチで、効率的・効果的に課題解決ができるというプラスの面です。それと同時に、②新たな社会課題を生み出す。これだけデータを広範に利活用していると、当然、サイバーセキュリティのリスクが高まります。ほかにもいろいろな課題がたくさんありますが、今までなかった新しい重大な課題を生み出す。DX 化にはこうした 2 つの側面が共存するわけです。

　かといって、DX は不可避的に前に進んでいくという状況の中で、DX ガバナンスという概念が出てくるわけです。こういった、プラスの面を発揮するのにマイナスの面をいかにマネージしてプラスの面を発揮させるか。そのための動機づけと規律づけのガバナンスを整備して、DX 化、AI 化を進め

てくださいというのが大きな潮流なわけです。たとえば AI ガバナンスは、春に政府から出た AI 事業者ガイドラインでもこう言及されています。「AI の利活用によって生じるリスクをステークホルダーにとって受容可能な水準で管理しつつ、そこからもたらされるインパクト（便益）を最大化することを目的とする、ステークホルダーによる技術的、組織的、及び社会的システムの設計及び運用」、これは AI を含んで DX と呼んでいると思いますが、リスクを管理しつつインパクトをつくる、こういうガバナンスです。付加価値を発揮するガバナンスの在り方を実装してやってほしいということでございます。

　リスクは、今言ったように多種多様ありますけれども、AI で言いますと、学習するデータの偏り、バイアス、あと権利侵害です。著作権に関してはすでにいろいろな議論がありますけれども、著作権に限らずです。あと、社会的リスク、人間が簡単にできないことをできてしまうことによるリスク、フェイク動画等、社会のバイアスの固定化リスクとか、いろいろなリスクがあります。

　こういうリスクに向き合った上で、かといって利活用による便益は高めなきゃいけない。そういう意味でのガバナンスを実装してほしいということが、上場会社のガバナンスとしてもリアルタイムで求められているわけです。

　26 ページです。その中で、政府が今、出している考え方の基本が「アジャイル・ガバナンス」です。IT でアジャイル設計という用語がありますが「柔軟な」という意味ですね。要は、何がセーフかアウトかなんて、あらかじめ決めようがない。決められる部分もありますが、事前に決めにくい。逆に、決めてしまうとイノベーションがかえって阻害されてしまう懸念がある。そういうことで、強まる社会的要請の複雑性、社会的ゴールの多様化を踏まえて、政府、民間主体、個人・社会のマルチステークホルダーが協働して、分散してやってくださいということ。この概念がはっきりと打ち出されているわけです。

　企業、政府、個人・社会のマルチステークホルダーが、それぞれの持ち場

で、それぞれの中で可能な透明性を発揮して、相互に対話して、その中でインフラを構築する。こういう形でないとガバナンスの仕組みが構築できないだろうと。これがアジャイル・ガバナンスの発想です。「自動運転で事故があったらどうしましょうか」というあたりからこうした議論の萌芽から始まったわけですが、自動運転の話に限らず、アジャイル・ガバナンスを設定しないとうまくいかない。

基本的概念は以上ですが、これをどう実装するのかというのはいろいろと難しいところがあります。ですが、企業も含めてアジャイルなガバナンスを構築していかないと、DX や AI とは向き合えないということがもう明確な時代になっている。そういう意味で、政府だけが何かをする、誰かだけが何かをするという話ではないということが、明確になっている。これが制度論としても起きているということです。

27 ページです。2024 年春の AI 事業者ガイドラインにもアジャイル・ガバナンスの話が明確に書かれていて、AI の場合は特に、いろいろな基本的な発想、特に人間の尊厳の尊重、Diversity, Equity & Inclusion、サステナビリティ等の基本的な考え方において、①から⑩までのいろいろなプリンシプルが提示されていて、プロセスとしては PDCA をどう回すかということがポイントですと書かれています。それを AI 利用者、AI 開発事業者、AI 提供者の中で、三者協働をどうやりますかと整理されています。

ちなみにヒトと AI との関係でいいますと、5 番ですが、AI の利活用によって本当にリスクが高い部分がわかると、ヒトの資源をそこに集中できる面がある。ただ他方で、何でもかんでも AI とか DX を使うということになると、かえって逆にノイズもふえるわけです。情報量がふえるから、そんなにたくさん情報があったら、逆に変な小さいことまで、今まで気にしていなかったことまで気にするようになってしまう面がある。この 2 つの観点から、いずれにしてもヒトの関与は必須であって、逆にヒトの役割をどうするかということが本質です。ヒト側が整備するガバナンスの中の人の役割に関しては、効率化、重大なところを見ることと、ノイズに振り回されないという部分に

23

ヒトの役割があると思います。

10. サステナ社会とDX化（アジャイル・ガバナンス）を踏まえ複雑化し難度が高まるコンプラ対応

　以上のサステナとDX化、アジャイル・ガバナンスを踏まえて、28ページはコンプラ社会の最近の話です。ガバナンスの中の重要構成要素である、守りのガバナンス、コンプライアンスについてです。

　DXともサステナとも絡んできますが、昨今というか、昔からそうだったかもしれませんが、特に最近、不可避的にデジタル化が進むことによって、正直、いろいろなところで炎上しやすい社会になっている面があるかと思います。その1つの理由は、ブラックボックス性に対する不安が高まっているのではないかと思います。

　DXとかでいろいろな部分で便利になります。しかし同時に、デジタル化が進むほど、例えば自分がどういう不利益を受けるかわからない、社会からどういう評価を受けるかわからない、いつの間にかこんなレーティングをされてしまったとか、どういう仕組みかわからないなどの不安。しかもAIの特性は、生成AIまでなってしまうと、なぜそのアウトプットが出たか、結局誰にもわからないわけです。そういう世界の中で、自分が、いつ、何が、どうなるかわからないという不安も増大する。逆に言うとブラックボックスに対する懸念が高まっている、DX化によってそういうことが起きているのだと思います。

　その結果、ブラックボックス性に伴う各種不安が、今、SNSを含めて逆にアウトプットしやすいと。アウトプットでどんどん不安の除去をしようとする、そういう心理が働きやすい社会になっている面があると思います。

　しかもSNSやデジタルニュースでは切り取りニュースで、かつ出力の頻度がどんどん上がっている。昔の報道は夕刊、朝刊の2回だったので、制作側も2回準備すればよかったのが、今は分刻みというか秒刻みでいろいろなニュースをひたすら追いかけ速報で出されています。いろいろなニュースが

あまりに小刻みに大量に出ているのが果たして本質的問題を捉えているのか
という観点では、いろいろな課題も出てきていると思います。その上で、ア
テンションエコノミー、エコーチェンバー、フィルターバブルなど、いろい
ろな言葉も指摘されているところです。こういう社会現象の中で、根っこと
してはブラックボックス性への各種不安から、いろいろな形で、いろいろな
人が外にどんどん発信する。コンプライアンスが社会規範への適合なのだと
したら、こういう社会の状況にも向き合って、企業はガバナンス態勢、コン
プライアンス態勢を敷いていかなければいけない状態になっているわけで
す。

　その上で、ブラックボックス性に対して起きている現象は、１つ何か事象
が起きたとき、その事象が一過性のものなのか、根が深いのかに関して、社
会はとても気にするわけです。この点は昔からそうだったのですが、今はそ
の傾向が顕著になっています。いろいろなことが起きたときに、社内態勢が
どうなっているのかということにものすごく関心が高い状態になっている。
そういう意味で、ガバナンスの整備に対する社会的要請は、デジタル化に伴っ
てより高まっている。DX化のガバナンスもそうですが、ブラックボックス
への懸念にきちんと対処しないといけない。そういう要請が課されている時
代になっています。

　そうなると当然、透明性という言葉が出てきますし、よくつかわれていま
す。ただ他方で、何でもかんでも透明性だと、適切な対応とならない事項も
結構多いわけです。国家安全保障なども典型的ですが。何でもかんでも透明
にしたからといって適正な判断にならない事項も多い。その中で、最初の「A
を立てればBが立たず」に近い話でもありますが、今までにない難しいバラ
ンスをとっていかなければいけない状況なわけです。当然、企業も社会の変
化に伴ってアジャイルにやっていかなければいけない、こういうことに向き
合わなければいけないのですが、相当の社会的変化が起きている。そういっ
た中でのコンプライアンスです。

　コンプライアンスはもともと法令遵守だけではない。社会通念に即した行

動をとること、社会に反することをするなという話も入っています。コンダクトリスクも入っているのがコンプライアンスなわけです。他方で、社会的な通念、規範が変わりやすい時代です。それまで全然騒ぎにならなかった、何も実害が起きていないことでも、1つ火がついたら、すごい騒ぎになっていることも少なからず起きている。何が本当に社会通念なのかというのも、実はふわふわしているものも少なくありません。その中で、何かあったら炎上してコンプラ騒ぎになる、そういうことにも向き合わなければいけない厳しい時代になっているというのも、コンプライアンスの複雑化現象だと思います。

　29ページは、コンプライアンス対応の複雑性が増している。予見可能性の低下ですが、ルールベースがあるときに、昔のようにルールだけに従っていればいい時代ではないわけです。ルールにはもともと過不足があって、「過」のほう、過剰の部分もいろいろ多いのですが、ルールのほうはなかなか社会の変化に伴って次々には変わらないので、趣旨にかなった事項でも形式文言から形式的にコンプラ違反になることがあり得る。他方で、ルールがどんどん細かくなって、そのルールを決めた当時と前提が変わっていっても、その前提が変わったことに伴ってタイムリーに変わらないルールですと、逆に言いますと、変な規制になってしまう。

　他方で、ルール上ＯＫでも、先ほどのようにこれはおかしいだろうという形で非難される事項は少なくない。それはなぜかというと、ルールが「過不足」の「不足」の部分で、社会構造に伴って足りない部分がある。そういうときに対処できない。先ほどのアジャイル・ガバナンスの考えかたもそうですが、基本的には抽象的規範、プリンシプル型の考え方の発動でも対応していかなければいけないということになってくるわけです。現在、法制度の現場でも起きているのは、競争法とか、消費者法とか、労働法とか、一種のプリンシプル型の法律が発動される場面が増えています。これらの法律には「正当な理由」とか「不公正」とか抽象度の高い構成要件があって、それに対してどう当てはめるかという点でプリンシプル型の法律という言い方をしてい

ます。○○法というカチコチしたルール型の法律以上に、プリンシプル型でいろいろなことに対処することになっていく。DXの世界は典型で、いろいろな形でプリンシプル型の法律の出番が増えています。

　そうなると、コンプライアンス対応は、ルール上どう書いていますか、セーフですか、アウトですかということは、答えの半分以下なのかもしれない。企業現場で大事になってきているのは、プリンシプルを踏まえて社会と向き合って自分で考えなければいけない、ということです。自分で考えないとコンプラにならない。そういう時代になっているというのが、今のサステナ＆DXの時代において企業に求められているコンプライアンスなのだと思います。プリンシプル型のコンプライアンスは金融関連規制ではすでに相当先行して行われてきていますが、それが他の領域でもリアルタイムで起きているということでもあります。

　なお、DXの世界でも「ソフトローでは不十分だからハードローを」とかよく言われていますが、必ずしもそうでもなくて、ハードローだからできるというタイプのイシューとそうでもないものとがあります。昨今のこれだけ複雑化している社会では、ソフトローでやらないと無理な世界が結構増えています。「ソフトローでは不十分だからハードローを」ということでもなくなってきています。

11. 板挟みによるキャンセル現象（萎縮効果によるイノベーション・挑戦への悪影響）

　その中で、6番ですが、こういった中で当然「Aを立てればBが立たず」が数多くある。しかもAをやろうとすればBからたたかれる。Bがコンプライシューだとできないわけです。例えばサステナ対応でいえば、競争法との調整問題がたくさん起きています。これは諸外国でいろいろな取り組みがあり、各種の取り組みが進んでいますが、こういうことをやりたくても、ここの法律がブロックしているとなったときに、なかなか前へ進みにくいこともある。

あと、ここまでコンプラの要請が強いときは、「とりあえずやめておこう」的な発想といいますか、社会ですごい騒ぎになっているから、とりあえずやめておこう的なキャンセル型の意思決定も増えていく社会現象も生じます。やるのをやめよう、○○するのをやめておこう、やめさせよう、そういった事象は、実は企業に限らず、社会全体で結構よく見られます。ただ、「やめておこう、やめておこう」が起きると、企業がいろいろなことに挑戦していくことに当然否定的な効果となります。そことの調整をしないと、なかなか前に進まない、挑戦できない、イノベーションが起きないという懸念が出てきます。

　30ページは、去年の11月に、こういった板挟み的なキャンセル事象に関して最高裁がひとつの判断を出しています。当事者が独立行政法人でしたから、憲法なり行政法上の司法判断が出されました。なので企業の場合とはいろいろと違う論点がありますが、最高裁が示したメッセージは重要ではないかと思いましたので、私企業の事案ではないですけれども、ここで紹介しています。

　ある映画に対して、日本芸術文化振興会が助成を内定しました。日本芸術文化振興会は、基本的にはいろいろな芸術に対して助成するのが仕事です。決定プロセスですが、まず、申請者から助成金交付の申請を出してもらい、芸術性に関して芸術文化振興基金運営委員会で判断をして、議決をして通す。運営委員会の判断を踏まえた上で、最後に、理事長が助成金を交付するかを決めるという2段階の決定プロセスになっています。

　31ページですが、本件は映画「宮本から君へ」についての事件です。映画を撮り終わった後に、助成金1000万円の申請書を出したら、交付の内定を受けました。しかし、内定の後に、この映画に出演されていた、相応に重要な役割を果たされている俳優のかたに対して麻薬の有罪判決が確定しました。そのため、「麻薬を使用した俳優が出ている映画に税金を使うとは何事だ」などの厳しい批判（A）がワーッと来る。現に交付の内定は取り消されたわけです。

そもそも助成金が出ると思って進めてきていたのに、後でキャンセルされる。しかも本件は映画にかかわった何十人の人からすると、ただ１人の俳優で、しかもその人に対して誰にも支配可能性もなければ監督義務もない。１人が何かやったというだけで、ものすごい広範な連帯責任が生じるわけです。助成がおりないという話でつくったものが全部なくなる。以前から日本は連帯責任感がやや強いわけですが、たった１人の事象により、公益という抽象的な概念で、後でキャンセルとなると。

　不交付決定に対して映画製作者側が裁判を起こして、１審、２審と最高裁とで判断が分かれたわけです。地裁は不交付決定を違法とし、高裁は適法としました。不交付を違法とした原審、東京高裁は、重要な役割を果たすなどしていた著名人であるところ、本件有罪判決等が広く報道されたこと、また、本件出演者が犯したのは重大な薬物犯罪であること、また、本件出演者が出演していた他の映画等の多くでは代役による再撮影等の対応がとられたこと等により、不交付決定は適法だとしています。高裁判決は、本件は行政法で言うところの権利なのか特権（privilege）なのかという議論では privilege というか、権利侵害処分と言うよりも、恩恵的にお金を出す、恩恵的な行政処分である以上、出す側の裁量も広い、そういった恩恵的判断に関しては、出す側の裁量が広いという伝統的発想なのかもしれません。助成金を出す出さないは、明らかにおかしくない限りは、行政的判断としては適法であるというトーンが高裁判断だったわけです。

　32 ページですが、それを最高裁が去年の 11 月にひっくり返したわけです。この最高裁判決は重要なことを言っていると私は思います。そもそも交付の根拠法規があったので裁判になったわけですが、理事長に一定の裁量があることは認めました。一般的な公益が害されると認められるときは確かに交付をしないという判断はあると。しかし、本件助成金は芸術振興という観点から出されているものなのに、公益というのは抽象的な概念であって選別基準が不明確にならざるを得ないので、表現活動に萎縮的な影響が及ぶ可能性があると。Ｙの芸術を振興するという一種の行政行為としては、公益とは何な

のかを詰める必要があるということで、高裁のような広い裁量を認めなかった。公益とは何なのかということに関してきちんと絞りなさいと最高裁は言ったわけです。33 ページですが、本件において、当該公益が重要なものであって、当該公益が害される具体的な危険がある場合に限られるものと解するのが相当であると判示されたわけです。

　助成をする側としては、1 人でも薬物で有罪になった人が出ている映画に助成すると、「国は薬物犯罪に寛容である」という誤ったメッセージを発すると受け取られると考えたと。しかし、公益が害されるだけの具体的な危険があるとはいえない、そういう理由での公益で、不交付決定にするだけの事情にはならないと最高裁は判示しました。ちなみに出演している俳優の役柄の重要性について一審や高裁で言及がありましたが、最高裁の判断は、当該出演者自身が助成金交付で直接利益を受ける立場にあるわけではないと言及していますので、薬物犯罪の有罪判決が確定した者が出演する映画等に助成金を出したからといって、その知名度や演ずる役の重要性にかかわらず、国が何か薬物に寛容であるといったメッセージを発したと受け取られること自体がにわかに想定しがたく、公益が害される具体的な危険があるというのは困難であるという判断かと思います。

　そういう意味で 34 ページですが、「不交付決定に当たり、本件映画の製作活動につき本件助成金を交付すると、本件出演者が一定の役を演じているという本件映画の内容に照らし上記のような公益が害されるということを、消極的な考慮事情として重視することはできないというべきである」という判示です。

　35 ページですが、運営委員会で芸術的な観点からの答申を出しており、理事長がその内定を取り消して、それをさらに理事長がオーバーライドするだけのものはないという形で、運営委員会で芸術性があると認めたものに関してオーバーライドする理事長の裁量権はその範囲を逸脱しているということです。

　映画などの作品をつくった後で 1000 万円もの大きい資金の拠出が不意に

キャンセルされることが簡単に起きるのでは、挑戦できなくなるわけです。ただ、今後ともこういう事態は世の中でいろいろ起き得る状況です。何十人ものヒトがかかわっている制作活動の中で、その１人に何かあったときに、全て連帯責任になるのがいいのか。そういう中では、今でも起きているのでしょうが、何も言わない人が最後に犠牲になるという部分もありえるわけです。そういうことで本当にいいのかということを考えさせられる事案でもあります。

12. サステナ/アジャイル・ガバナンス/厳格化するコンプライアンスを踏まえ第１層に求められるガバナンス態勢〜 Due process 的発想

以上のように、ＡとＢとの調整、場合によっては闘いの中でＡやＢをどのように要請するか、バランスをとるべきかということになります。元々経営行為、経営判断というのは諸要素や諸利害の調整行為そのものなわけですが、判断する場において、due process といいますか、きちんとＡとＢをきちんと整理するプロセスをもって判断しなければいけないという要請が強まっているのだと思います。先ほどの事案は行政主体の話でしたから、こういう裁判になりました。民間ですと、もう少し裁量が広いのかもしれません。しかし、こういう厳しいサステナ対応というのは、ＡだのＢだのが同時に来る中ですと、その意思決定をする組織体の側は、適正手続をどうやって意思決定するかがとても大事だということだと思います。そういう意味で、due process 的発想が改めて重要になってきていると思います。

３６ページですが、こうした諸状況を踏まえた、１層におけるガバナンス強化の在り方についてです。サステナビリティの要請、アジャイル・ガバナンスの要請、厳格なコンプライアンスの要請のもとで、キャンセル型でなく攻めの経営判断が行われていくためには、多種多様な利害について当該利害はすでに考慮された上での決定であるという due process 的な発想が特に重要になっているというのがポイントです。

多種多様な利害が主張される中、企業として「闘える力」が「決める力」

の源にもなります。コンプライアンスも「現場で自分で考えるコンプライアンス」を実現できることが重要です。

　今のサステナ、DX/AI の中で大事なのは、1 層における多種多様な利害を考慮してどういう形で due process 的に判断できる仕組みをつくれるか。あとから当該利害に気づきませんでしたというのではなくて、当該利害は既に考慮済みであるというのが due process で、そういった適正プロセスで意思決定をする体制整備がより一層大切になっている時代なのだと思います。用語として行政法等で議論される due process とは厳密にはやや意味が異なるのかもしれませんが、物事を多角的に見れることで執行プロセスを強化すること、これがここでいう due process として述べている趣旨です。

　まただからこそリスクの多角性を踏まえて、diversity、いろいろな形での多様な人材が必要になります。多様の中には 2 線も 3 線も入るのですが、多様な人が入った中での意思決定をやっていくという仕組みを 1 層の中にきちんと入れなければいけないわけです。

13.　前に進められる力/決められる力/闘える力がイノベーションを生む（攻めのガバナンスを支える）

　より各論の話をしますと、日本の現状を見ると、法務等を含めた 2 線が、当初からリアルタイムで関与できているのか、という論点が依然としてあります。コンプラとなったときには、ルールベースでこれが反していますか、反していませんかということだけでなく、もっとリアルタイムできちんと関与している仕組みなのか。あと、関与する 2 線側の専門性があります。あと、専門性も別に自然に育つものではなくて、現場現場でいろいろな案件に接しないと育たないわけです。その意味での真の 2 線、3 線の能力育成をやっているか。あと、リスクベースに対する正確な情報の共有、bad news first の適時な情報共有等が重要要素。ここら辺の部分の 2 線、3 線を含めた仕組みのところをきちんとやることが不可避なのだと思います。

　いろいろな利害が出てきていますから、前に進んで決断していくためには、

決めたことについて「闘える力」も大事になるわけです。後から言われて変えるとかやめるのではなくて、既にそのポイントはわかっている、わかっているから闘える。決めたことをそのまま前に進められる。そういう意味で、多種多様な利害を含めて、多角的な議論を経ているからこそ「闘える力」「決める力」になってくるのだと思います。

いろいろな視点を知って、その上で、何らかソリューションを開発して前に進める力をつける。イシューとかをあとで知ってやめることを繰り返していてはイノベーションは起きません。また、単なる批評や批判の議論をしていても前には進みません。そうではなく、アニマル・スピリッツという用語もありますが、何とかソリューションを見つけて前に進む力をつける。それが「決める力」、場合により「闘える力」であり、経済成長戦略としての日本企業における攻めのガバナンスの、一つの根幹的要素として求められているのだと思います。

関連して「『現場で自分で考えるコンプライアンス』の重要性」です。当然多角的な視点が必要になってくる。一人一人の常識では不十分、各人各人には個々人のアンコンシャス・バイアスがいろいろありますから、「現場で自分で考えるコンプライアンス」をいかに徹底するか。これを本質的にやるのが、1層においてまずもって大事。この部分を企業が本当にやってこそイノベーションが進むことになります。

14. 横ぐしを刺す各種試み（サステナビリティ委員会、統合報告書等）

37ページですが、いろいろな due process も目的意識なく形式的に整備すると、手続をどんどん重ねる屋上屋を重ねるみたいになって、物事が決まりにくくなる懸念がありえます。いかにそうしないかという観点から、社内や企業集団内における横串の刺し方、サイマル化の防止、コラボの仕組みが大事です。

横串を刺すためには経営トップを含むマネジメントのコミットメントが重要になるわけですが、たとえばサステナビリティ委員会の設置が上場企業に

おいて急速に広がっていますが、サステナビリティ委員会設置の一つの最大の成果は社内における横串化だと思います。社長直轄のサステナビリティ委員会も多いですし、ボード直轄も多いですが、いずれであってもサステナビリティ委員会がふえている大きな効果は、サイマル化の防止というか、横串が社内で刺さるのです。社長直轄、ボード直轄となることで、このイシューが重要事として社内に浸透して、みんなが本気で取り組むという形での横串を刺している効果が相当大きいところです。

　同様の例として、統合報告書の作成等もそうですし、サステナ等の非財務情報開示の強化も企業集団内での情報連携、横串化が強化される効果があります。横串を刺している効果が相当大きい。当該事項に対して社内が全体で取り組んで、企業集団内、親会社、子会社、全体の情報連携が大変大事になるわけですが、これに対する横串を刺す効果が高い。いろいろな手続ばかり重ねて、物事が決まらないということにならないようにする。よりリアルタイムで一緒に考えて、多角的で多様な、後から言われかねないことを先に考えておくということを行うことになります。

15. 「自律の連鎖」（セルフガバナンス）とそれを支える2層（法務等）の伴走機能の整備の重要性

　次が、「『自律の連鎖』の態勢整備」です。Tone at the top の重要性は、企業集団ガバナンスを含めて言うまでもありません。その上で、最近「コンプラ研修」から「インテグリティ研修」に変わるという1つの現象が見られますが、インテグリティという言い方のほうがポジティブな印象です。コンプラは「人として悪いことをしない」的な印象の言葉でもあります。インテグリティは、社会のためにやるという語感です。インテグリティは、特にマネジメントにとって就任の際の必要条件となっています。どんなにすばらしい実績を上げていても、インテグリティで吹っ飛ぶことも起きているわけです。インテグリティはとにかく会社全体にきちんと浸透させなければいけない。それがあって初めて、3層や2層から言われなくても、自分で自分のこ

とを考えて正しいことをやっているという、ガバナンスの本質である自律を企業は進めていけるわけです。

インテグリティを全体の組織について実施するためには、例えば法務とか誰かがコンプラが見ているというだけではなくて、きちんと一緒にやらなければならない。その観点から、当然社内でヒトのローテーションをもっとやっていかなければいけない。何とか部の何とかだけでは足らない。ヒトのローテーションには意味があります。何でヒトを回しているのかという意味を各人にきちんとわかってもらう。そういう意味での人事ローテーションのあり方です。これは今まさに重要政策となっているリスキリングの一環です。企業集団全体としてのリスキリングをどうやるかを考える。それによって初めて強い経営人材が生まれ、1層が強くなる。ガバナンスの実質論として、そこを本質的にやっていかなければいけないと思います。

16. 2線を含むガバナンス人材等への人的資本改革の貫徹が道半ば

38ページです。ここで人的資本改革の重要性が改めて出てきます。いろいろな切り口がありますが、先ほどのロジカルな発信を対外的に行うに当たって、当然それをやりたいですという中で、ではどうやってできるのですかという実現可能性は、ヒト・モノ・カネがついてこないといけない。モノ・カネだけでなく、ヒトがちゃんといるのですかという部分がきちんと訴求できないと、ロジカルな発信にはならない。しかも、これだけDX化すると、いろいろなものが知財化していきますから、ヒト・無形資産の付加価値がとても高まっているということでもあります。

その上で、2線を含むガバナンス関連人材の育成のところに、人的資本改革を含めて、企業は本当にリソースを割いていますか、ということが問われると思います。

リソースというのはヒト・モノ・カネ全部です。そういう人を出世させているかどうかも含めて。その方の付加価値を認めていますかという部分が企業社会の中で本質的に変わらないと、サステナ、DXの時代に、企業は本当

に成長できない。これらはまさにガバナンスにおける1つの重要な要素でして、日本企業で取り組まれつつありますけれども、さらに取り組んでいかなければいけない点だと思います。

数年前から進められている「人的資本改革」は、「費用から投資へ」の転換を要請しています。特にその中で私が感じているのは、営業部門のような数値がある部署でなく、2線、3線とか、コーポレート部門、ガバナンス部門、こういった方々は営業の数字を持っていないわけです。こういう方々に対してまで、本質的に人的資本改革をやっていかないと人的資本改革は完成しないのだと思います。

こういった方々がコストセンターという言われ方をされて、コスト削減であるとか、できるだけコストパフォーマンスよく、安くやれとか。これだと、今のサステナ、DXの時代では、企業がなかなか成長できない時代だと思います。こういうものにきちんと人的資本改革が貫徹するというところまでいかないと企業としての攻めのガバナンス、挑戦は完成しない。ここが大きなイシューとして日本の上場企業が取り組むべき課題であると思います。

ちなみにここ数十年の歴史を見ていますと、「human resource →タレントマネジメント→ human "capital"」へと言葉が変化したと言われていますが、人的「資本」の、資本という言葉は相当重たいわけです。スチュワードシップコードはイギリスの英語で、キリスト教の言葉から来ています。スチュワードシップのスチュワードというのが、キャピタルとして預かっているものの付加価値を高める義務があるという概念であると。そういったスチュワードシップの概念、キャピタルの概念を人につけたわけです。預かっている人の付加価値を高めなければいけないという概念としているので、これは結構重たい話なわけです。

もともと日本企業は1980年代にウォール街とかで「何が大事ですか」、「人が大事ですよ」と言ってウォール街で冷笑されたという歴史があります。他方で今の欧米企業は、パーパスとかカルチャーなど、いかに人を大事にするかということを一生懸命訴求しているわけです。人的資本に関する各種開示

が進んでいることで各種の研究も進んできており、人的資本改革に取り組んでいることやその開示が企業価値や株価にプラスに働くのではないかという研究も欧米等で積極的に進められています。そういった中で、根っこのところは日本企業は人を大事にしたということなのですけれども、今の日本企業に問われている論点は、本質としていかにどう大事にしてきたのかという点。特にヒトのセルフコミットメントの重要性です。1つ前の話と同じで、各人がきちんとコミットを持って向き合うという意味での付加価値を高めてきたのですかという人を大事にしている本質論の部分が重要だと思います。

そういう意味で、先ほどのサステナの三方良しとかの点と同じで、基本的な概念は日本企業の中にあるのですけれども、どうするかというものの本質が問われているのがこれらの部分だと思います。とりあえず営業成績がある人が何となく上に行くみたいなことだけではない。きちんとガバナンス部門を含め、特にこれだけサステナ、DXがある中での2線、3線、あと、ボード事務局、資本市場対話関連等を含めたところの人材に十分なリソース、ヒト・モノ・カネ、特にプロモーションも含めたことをちゃんと本気でやっていかないと、今のサステナ、DXの時代の日本企業のマネジメント、1層は強化されないと思います。

39ページですが、特に2線等について、「コストセンター」といった呼称はなくなるべきなのでしょう。さらにやや大きな話をすると、「サービス」という日本語ですが、目に見えないものは何となく"ただ"みたいな言い方をする。「サービスしときますよ」とか。2線、3線は思い切り役務の提供なので、その付加価値をどう示せるかという部分に関して、これはちょうど1つのデフレの原因にも関連すると思うのですけれども、そういったコストセンターだからという言い方をするのはおかしいということです。

特に昨今のコンプラ社会ですと、「無事故無違反が当たり前」という世界ではなく、いかに無事故無違反をメンテナンスするか自体に付加価値があります。もしくは有事のときに、その前にきちんとどう対処するかも大事です。その中で特に今法務を含む2線や、3線がそうですが、無事故無違反で当た

り前で、何か事故があったらマイナス評価だけ受ける、プラスの成果は営業がとる、というのではおかしいわけです。マイナスのときだけ２線のせいとか、そんな人事評価をしていたら、育つものも育たないわけです。こういった慣習が社内であるのなら企業内できちんとなくしていかないと、上場企業としてチャレンジ、挑戦できないわけです。しかも、難解なコンプラ判断があるわけですから、リアルタイムできちんと現場で一緒にバリューをつくるというやり方で、２線、３線をちゃんと整備しないと、本当の意味での「闘えて」「決められる」、挑戦できる強い上場企業にならないと思います。

あと各論を一つ言いますと、初動でのコスト制約からの失敗をしないことです。年度予算主義といいましょうか、現場で何か起きたときに、もともとの年度内予算で決めているのだから、その中でやれ。有事の予算など全然とってないのに、その範囲でやれといって、それで小さく終わらせようとして、そのあと失敗している不祥事事例もあります。

あと、ヒトについて、ローテーション、プロモーションとか、法務人材のローテーションとリスキリング。こういったものを当然やっていかなければいけないということだと思います。

17．イノベーションを支える２層の役割

次に、40ページで、２層、３層については、簡単にだけ触れます。これまで申し上げてきた１層の強化があっての２層機能のありかたなのだと思います。

１層に対するエンドースメント機能が２層です。当然その中には、今特にいろいろなイノベーションとかでいいますと、「第１層が描く成長戦略のロジカル性等のチェック」とか、「中計の進捗状況の監督」もあります。あと、１層がなぜそれを行いたいのか、逆になぜそれを行わないのかという議論、その決定に至ったプロセス、考慮した要素、決定メンバー等の説明を２層に行う。それに伴って、１層がいろいろな形でやることのガバナンスコードというような後押しといいますか、健全なリスクテイクとなる骨太さが生まれ

ると思います。

　その中で、２層としては、１層に対して、さっき言ったような１層におけ
る due process、意思決定がどういう形で整備されているのかとか、リソー
スがどう割かれているのかとか、ガバナンス人材に対する人的資本改革の状
況等、こういった点を２層は見ていくことが大事だと思います。

　あと、２層の側の監督機能も練磨されなければいけませんので、１層と２
層とが相互不信というよりは、一緒にというか、どちらが上か下かではない。
しかも、２層も世間の常識を評論家型に言うのではなくて、現場に即した上
で、自分の役割を踏まえてやることが大事になるわけです。

　41 ページで、２層はどういうときにハンズオンで介入するのかという論
点があります。この部分の議論は、監視監督義務も含めた会社法の判例にも
かかわってきますし、現に裁判例の蓄積により進展がみられます。また監視
義務以外に、監督機能に含まれる報酬決定について、取締役会の判断に関す
る裁判例が最近いくつか見られるところで、取締役会のモニタリング機能の
実装化が進んでいることが感じられます。現場現場では個別事例ごとに異
なってくると思われ、この部分の実質論は今後ともずっと議論になると思い
ます。

　２層のありかたについては、モニタリングモデルで先行しているアメリカ
でも長年の議論があり、揺れ動いているわけです。最近の各種判例法におい
てもいろいろと重要な動きがみられます。

　また日本では、「監督」という言葉の意味が多義的なので、人によって監
督の意味が違うことがある。先ほども言いましたように、１層にも監督があ
るわけです。ですので、２層の監督と１層の監督は何が違うかも含めて、２
層がハンズオンするときの事項の議論は、多分今後とも会社法の判例を含め
ていろいろ出てくると思います。

　１層のことに２層が何でも介入するとなると、ドライバーシートに２人
座ったら、物事が決まらないという弊害がありますし、責任の所在も不明確
になる。本来、経営責任はあくまでも１層です。それを２層も一緒に何でも

かんでも連帯責任になのかという部分の責任の所在の不明確さです。また現場から遠い者が決定する等の弊害が生じる事項がありえる。その中でハンズオンの1つの切り口としては、対象事項について1層にどのくらい利益相反の度合いが強いのか。ちなみに、攻めの事項のほうが利益相反性は相対的に弱いわけです。こうした利益相反の強度と、あと、その事象が企業者の企業価値に与える影響の重大性。これらが考慮要素になるかと思います、

　なお企業に重大な影響を与える守りの事項に関して、1層から2層へのbad news first の要請が大変強い状況です。これらの要素を踏まえて、どこまで何をすべきかということがグラデーション的に決まっていくのではないかと思います。

　なお2層への bad news first の要請についてですが、日本の場合は、情報収集権がある監査担当役員を会社法上置いているという日本制度の特有の点があります。2層に何の情報を入れるかはいろいろありますが、情報が入ったとして、その上でどういうふうにハンズオンするかは個別事案ごとになってくるかと思います。

　あと日本特有の良い点としてもう一点。4で書いているのは、マネジメントとインディペンデントの二項対立ばかりだと、いろいろ摩擦が起きうる。その中で、間に3本目の矢として「社内非業務執行」とか「常勤」に意義がある。日本の場合、特に常勤の監査担当役員の慣習があるのですけれども、3本目の矢を真ん中に入れることも1つの工夫としてこれまで行ってきましたし、これは今後ともさらに実効性を伸ばせる余地があると思います。

　あと先ほど2線等の1層について申し上げた due process 的な視点、物事を多角的に見れることで会社の意思決定プロセスを強化するという点は、2層についても当てはめる点です。特に会社全体を俯瞰してみれる立場であるという点でその効果が期待されるところです。

18.　2層に関する各種のアンコンシャスバイアス
　2層に関して、制度論の関係の話でもありますが。現場にいていろいろ会

社法の議論を聞くときに、何か違和感といいますか、会社法に関する考え方だと現場で思っている人たちがいるという違和感について書いているのが42ページです。それは、「監査役制度は独任制である。監査等委員や監査委員は内部統制部門と連携した組織監査をするものだと」。その結果、今でもときに聞かれる話が、「監査役は一人でウロウロして実査をするのが仕事なのですね。組織対応ではないんですね」とかです。他方で、会社法上は、当然、監査役・監査等委員・監査委員には全て情報収集権があります。しかも、独任制というなら、違法行為差止権という点は共通です。

　関連して、会社法上、取締役会は「監督」である。監査役は「監査」であると。監査という言葉が、監査役の監査から監査委員会・監査等委員会の監査になった。しかも、監査「等」委員会設置会社も、もともとの呼称は監査監督委員会だったのが、諸般の事情で監査等委員会設置会社になってしまったと。「等」になって監督という言葉が目に見えないのは、法律家でない人が頻繁に接する用語でもあるので、ガバナンスの現場での浸透から見ても、相当残念な話だったと思っています。その中で、監督という概念と監査という概念は、何か別々のものとしてあるかのような理解を現場で感じます。

　その中で、ここに書いてあるように、どう見てもおかしいのは、「監査役は一人でウロウロして実査をするのが仕事なのですね。組織対応ではないんですね」という話です。企業集団全体の業務内容を見たときに、1人とか少数の人間で全会社の領域内の監査がカバーできるはずがない。人間としてできる仕事ではないわけです。あと独任制にしても、明確に違法でないものとか、違法かどうかわからない微妙なものまで、多数決で決まったものを、1人で変えられるという仕組みだと、物事が決まらないわけです。物事が決められない企業にする、そんな権限を1人の者に与える合理性は一体何ですかという部分も問われなければいけない。違法が明確な場合は別として、一人がなんでも止められるのだと決まらない組織体になる。

　あと、今の時代は1層のほうでの内部統制を含む1線・2線・3線があっての2層です。昭和の時代の最高裁の監視義務の裁判例というのは、しかも

小規模の会社のものが多いので、前提が違うわけで、現に内部統制法制が定着した以降の下級審裁判例は、こうした内部統制を前提にした判例法理にちゃんとなっていると思います。

　もう一点。監査役制度を含めて、「守りが機能していない」ということが言われるときに根本的に感じるのは、人的資本のところでも言いましたが、守りというのは成果が表に出にくいのです。少なくとも初期段階で小さなボヤを消したときに、それをわざわざ「実はこういう問題がありましたが、消火しました」などと外に絶対言わないわけです。なので、ちゃんとできていて当たり前の部分しか見えていない。その中で、たまにある事故だけ見えたときに、「日本企業は守りができていない」といったリアクションは、実は全体からすると、過剰反応の可能性が高い。守りの仕事、監査系の仕事は、なかなか成果が見えにくい。その中で、何か起きたときに、「機能していない」という議論を簡単にしないできちんと冷静に考えないといけない。要は仕事のタイプとして、ちゃんとした仕事ができていることが具体的に外に示しにくい。こうした点を含めて、監査役というか、監督監査の概念の整理も含め、機能性についての評価・理解を考えていくべきだと思います。

　監査等委員と監査委員は何が違うのかというのは、守りの機能として私はあまり本質的に違わないと思っていますし、また違ってはいけないと思っているのですが、そういった中で会社法の法制度の議論をするときにも、今申し上げた点は留意しなければならないように思います。

19. サステナビリティ時代における直接民主制の難点

　最後に、43ページは直接民主制についてです。これは2023年の私法学会でもとりあげましたお話ですので今日は繰り返しませんが、今日の話の文脈で2点だけ申し上げます。

　1つめが、サステナ事項がこれだけたくさんある状態で、直接民主制には難点、弱点があると思います。Aを立てればBが立たずみたいな話の世界の中で、また時間軸もずれまくる。しかもサステナ事項というのは、その上場

企業が属する国の社会のあり方そのものにもかかわります。そういう中で、たまたまたくさんお金を持ってその株を買った人が、全部決められますなどということには、欧米の他の資本主義国もなっていませんし、少なくとも社会的な納得感もあまりないと思います。

あと、直接民主制はどうしてもオープン型の意思決定になります。オープン型の意思決定は、二択型にもなりやすい。でもサステナ対象事項は、二択ではまず適切な決着とならない話ばかりなので、直接民主制という何でもかんでも最後は株主が決めればいいんですよという発想自体がもたないぐらい難しい。ですので、ここは間接民主制型でやっていかないともたないと思いますというのが１点目です。

それも踏まえて、44 ページで、２点目は、これは毎回言っていますが、欧米は間接民主制型の法制度に相当なっているわけです。日本は依然としていろいろな事情があって直接民主制が強い上場会社法制のままである。直すという議論の契機があまりなかったかもしれませんが、このままの直接民主制型ではなく、私はもう少し間接民主制型をきちんと入れるべきだと思っています。直接民主制の規律がなくなることはないのですが、制度論としては、間接民主制の実効性強化をより図っていくことが重要だと思います。

あと、これは立教大学の松井先生に教えていただいたのですが、株主を会社の所有者的に考えたのは日本ではその時点でいろいろな必要性があったわけですけれども、米独は 20 世紀半ばに、業務執行事項の権限等の経営権限を取締役会に専属すると明記しています。また、株主の利益を守るといっても、そのために株主の権限自体を法制度としてこれ以上強めることが得策なのかは別である、という論点もあります。現行の会社法 295 条 2 項が導入されたのが昭和 25 年商法改正でありつつ、日本の現行会社法上の株主の権限の範囲は諸外国と比べて依然として大きいわけですけれども、中長期的企業価値向上を考えると、株主の権限を現行の会社法制からこれ以上拡大することは慎重に考えるべきで、むしろ１層の拡充、それを監督する２層の拡充。そういった間接民主制型の実装の選択肢を経て、日本の上場会社の成長を図

る上場会社法制。これらの部分は去年の私法学会でも議論されていますので省略します（武井一浩「経済成長戦略と上場会社法制〜サステナブルな資本主義と直接民主制・間接民主制のバランスのありかた〜」商事法務2335号8頁等）。

　以上となります。成長戦略と上場会社法制ということで、最初の2〜3割が株対価の話を例にした、新しい選択肢の創設の話でした。その後、経済のイノベーション、上場企業の成長を支えるガバナンスについて、上場会社が向き合う、昨今のサステナ、DX・AI、あとコンプラの要請を踏まえて、イノベーション、積極投資の進展に向けたガバナンスの実質論について述べました。各論としては意思決定のプロセスの適正性の確保、2線を含めた人的資本改革、そういったことに本質的に向き合うことが今本当に大事なシューなのだと思っています。長々と失礼いたしました。

［討議］

○**神作会長**　武井先生、大変貴重なご報告をありがとうございました。株式交付制度の見直しと、特に上場会社のガバナンスの進化、この2つの論点について、実務の観点から大変重要な問題提起をいただいたと思います。

　それでは、ただいまのご報告に関連しまして、ご自由にご質問やご意見を出していただければと思います。論点が2つございましたが、どちらからでも結構でございます。

　どなたからでも結構ですので、ぜひご発言をいただければと思います。会場でご参加いただいている方は挙手をしたり、プレートを立てていただいたりして、オンラインでご参加の方は、手を挙げる機能を使ってお知らせいただいております。

それではまず、大崎先生からお願いいたします。

○**大崎委員**　武井先生、ありがとうございました。大変広範なお話を興味深く拝聴いたしました。1点質問と、1点コメントです。

　質問は、きょうは金商法研究会でもありますので、ぜひ金商法上の論点に

ついてお話をいただきたいです。株式交付の関係で、TOB規制との問題があるのではないかというお話がありました。もちろん今後詳しく検討が必要ではあると思うのですが、どのような問題点を今の段階でお考えになっているかということを教えていただきたい。これが質問でございます。

　それから、感想的コメントですが、3層のガバナンスの話が大変興味深かったです。DXとか、AIとか、そういういわゆるIT系の話がいろいろ入っていておもしろいと思いました。そういう時代に人的資本が重要になってくる中で、人的資本に投じるお金を単に費用と考えるのではなくてというお話があって、全くそのとおりだと思ったのですが、それはシステム投資も同じではないか、システム投資にかけるお金も単なる費用だと考えないでほしいということをぜひ武井先生にも企業にアピールにしていただきたいと思いました。私は、いわゆるシステムソリューションを提供する会社に勤めておりますが、よく現場の人たちがぼやいているのが、「『システムにお金をかけるのは無駄なんだから、DXだ何だと言っても、とにかく安い金でできないか』という要望ばかり来て、本来だったらやれることが、顧客の予算の範囲だとできない。結局、真のDXができないという問題がある」という愚痴がよく出ていますので、その辺も今後アピールしていただければなということでございます。

○武井報告者　ありがとうございます。まず後半のほうは、2線も含めてそういう点はいろいろなところで起きているのだと思います。守りといいましょうか、目に見えないものに対して、付加価値みたいなことにお金を払わない。先ほど言ったサービス社会というか、そこの根本を直さなければいけない。たとえばこちらの金商法研究会の2回目か3回目に議論した社債のときもそうでしたよね。結局、社債権者を含めた一種のセキュリティのところに対してコストをかけようという動機を当事者がもてていない、それで本当にいいのですかということとも重なっている。だから、守りという言い方なんですが、守りにいかに付加価値が高いかということの見える化が、大きく言うとテーマだと思います。

○**大崎委員**　プラス、DX は守りではなくて、実は攻めだということですね。

○**武井報告者**　そうですね。攻めと守りが二項対立しているようですが、おっしゃるとおりで、攻めと守りは表裏一体です。だから、守りがないと攻められないということだと思います。

　最初の点につきましては、P社において株式発行の差止めがあったときに、TOB を撤回できるかわからないというのが一番典型的な論点です。あと、S社側が、上場会社化のときのいろいろな証券交付のインフラも、S社を対象会社とした株対価に関して、証券会社さん側も整備がまだできていない面があります。そういう意味で、S社が上場会社でもできるというリアリティを見せる世界が肝要で、今回 TOB 制度の法改正も行われていますので、いろいろな形で手当てされていくことを私は期待しております。

○**河村委員**　武井先生、誠にありがとうございました。私からは2点、欲を言えば3点ほど質問させていただければと思います。

　まず1点目ですが、11 ページで、組織再編行為と現物出資規制のところの分け方がありました。下の側の株式交付を組織再編行為に入れてしまうとなると、どうしても伝統的な考え方からは、総会の特別決議とか、買取請求とか、債権者異議申し立てとか、そういうものが原則としてはワンセットで入ってくるようなイメージを持ってしまう気がしているわけです。

　そうだとすると、これを組織再編行為というところに入れない整理の仕方、あるいは特殊な組織再編みたいな形で考えるとか、そういう発想があり得るのかどうかです。そもそも現物出資規制をどう考えるかというのは、先ほどはあり得るけれども今回ひとまずおいておいてということだったわけです。そのあたりの組織再編というものをどういうふうに考えるのかというところについてお聞きしたいなと思ったのがまず1点目です。

　2点目ですが、これは後半のほうのアジャイル・ガバナンスの話とか、プリンシプルの話とか、そういうものをお聞きしながら、金商法との関係を考えておりました。例えばアメリカであれば、投資契約であったり、Rule 10b-5 であったり、そういう規制の仕方を定めているがゆえに、2層の方た

ちを含めて、自分たちで考えるとか、単に形式的にルールを守るというよりも、その趣旨を踏まえて、いろいろみずから考えていくとか、決めていくとか、そういうことになりやすい法制度なのかなと。他方で、日本の場合には、有価証券にしても、インサイダー取引規制にしても、いろいろ法律で定めているがゆえに、例えば2層の付加価値の話でもなかなか意識されにくいのかなと、そんなことを少し思ったわけです。

　そういうことを踏まえた上で、そもそも金融商品取引法の規制のあり方について、先生はどのようにお考えなのか。株式交付のところの外国会社の話がありましたが、あそこも客観的・形式的な基準が必要だということで結果として外されていると思うのですけれども、会社法とか、金商法とか、そういうものの規制のあり方との関係性みたいなところについて、先生のお考えをぜひお聞きしたいと思ったのが2点目です。

　最後、3点目は、株主の話であるとか、人的資本の話をされている中で少し思いましたのは、金銭的な資本拠出者だけにガバナンス関与権を与えるみたいな法制度そのものがどうなんだろうというところについて、先生のお考えがあれば、少しお聞かせいただきたいと思った次第です。

　すみません、多くなってしまいましたが、以上です。

○**武井報告者**　ありがとうございます。まず1つ目は、組織再編という言葉は会社法上定義がないので、多分私の整理は先生と同じ路線です。どこまでを組織再編と言うか、組織再編という言葉自体、定義がないわけです。現に合併・会社分割・株式交換と株式交付とで分けているといえば分けている。だから、広義の組織再編か、狭義の組織再編かになるのかもしれませんが、その辺、グラデーションはできると思います。その中で、株式交付は組織再編と呼んでもサブカテゴリーであるとか、多分いろいろな整理学があると思います。組織再編という言葉自体で何を呼んでいるのか、会社法の条文上の言葉ではない。どういう形にすれば、制度論が前に進むのか。合併とかとは違うようにやったほうが、いろいろな形にしやすいというのはおっしゃるとおりなので、組織再編の外延を硬直的に考えないでその効果ごとに因数分解

47

して組織再編と整理するべきだと思います。

　次に、10b-5に含めたソフトローに関しては、おっしゃるとおりです。もちろんルールベースであるほうが、ルール以外のことはやっていいという予見可能性の点では当然高いわけです。あと、ソフトローを本当にやっていくのだったら、司法手続というか、裁判をすること自体についての違和感をなくしていかないと、最後は回らない場面もあるのではないかと思います。裁判をしてまでやりたくないという考えがある限り、自分で考えるといっても、結局最後は調整がつかないときにどうなるのかということになります。ただアメリカもいっぱい裁判が起きていますが、そこまでの社会が果たしていいのかどうかはいろいろな考え方がありますし、私はよくないと思っています。

　ただ、今は金商法を含め、ソフトローの考え方が入らざるを得ない。コンプライアンスの概念でも、コンダクトリスクを含めて、金商法上、ソフトローの考え方が相当入っていると思います。その中で、ハードローだけではできない。自分でいろいろなことを考えてやっていかなければいけないことは必然なので、そういう事態にもうなっているのかなと思います。

　3点目は難しい論点ですが、現にヨーロッパにいろいろな取り組みがたくさんある。特に人的な資本拠出者に関する議論もある中で、ヨーロッパの状況も参照しながら、いろいろな頭の体操ができる、深い論点なのだと思います。ご指摘をありがとうございます。

○**飯田委員**　株式交付のところだけ伺いたいと思います。まず、税の繰り延べをいかに認めるようにするかということで、武井先生と全く同じ方向で考えております。

　実務的な観点を伺えればと思うのですが、現状の株式交付の繰り延べは、対価の総額の20％までは株式以外の金銭等の資産であるいわゆるブートを交付しても認められると思うのですけれども、それではやや不十分というご感触なのかというところはいかがでしょうか。

○**武井報告者**　ありがとうございます。もっと広いほうがありがたいですよね。

○飯田委員　どのくらいの数字をイメージされていらっしゃるでしょうか。

○武井報告者　50％ぐらいいっていただいてもいいのではないかと。

○飯田委員　やはりベストミックスの観点からすると、そういうところがあると。

○武井報告者　そうですね。ブート部分の譲渡損益は当然実現していいので、株のところだけそうなるように。

○飯田委員　わかりました。

　それから、株式交付制度について、もし会社法を見直していくとしたときに、少し税に引きずられた議論にならざるを得ないところもあるのですけれども、現状では子会社化するところだけ捉えているわけですが、子会社化した後に追加取得していくという場面も広げてよいように思います。逆に、子会社化に至らない場合要するに、例えば30％や20％ぐらいの取得の場合とか、そういうところまで広げるべきであるのかについてのご感触はいかがでしょうか。

○武井報告者　先ほどの河村先生の話でもご指摘がありましたように株式交付なるものをどう捉えるかという整理学かなと思っています。Ｐ社がＳ社の情報の開示をちゃんと受け、簡易要件はありますけれども、Ｐ社株主が意思決定しているということで横串を刺すと、確かにもう子会社化に限らなくなるのですね。そこは今後のイシューの流れ次第かなと思っています。少なくとも連結まではとか、今現在の株式交付制度の令和元年の整理の中の延長で、少なくともここまでは行けますでしょうと思うのが連結子会社です。

　その先のところは、ニーズといろいろな整理学でしょうか。なぜ現物出資規制が適用ないのですかという整理の中で、連結子会社よりも低い比率の世界の適用除外ももちろん全然あってよいと思っていますし、それはそのほうがいいと思います。その中で税がついてくる制度を確保したうえでの議論が必須です。そういうところが絡むかなと思っています。ここはオープンな議論かなと思っています。

○飯田委員　連結に至るよりも低いところでの部分買収みたいな場面での、

株対価ニーズというのはそこまで高くないということですか。

○**武井報告者**　いや、ご指摘の通りニーズがあると思いますし、確かに金商法のほうで30％というラインで支配権がどうのという改正もこの間行われたわけで、30％という新しい数字のラインが出ました。だから、30％とかもあると思います。

○**飯田委員**　ありがとうございました。また、12ページで、これは私も基本的に賛成ですが、まず事実認識として、P社側の買取請求で最大3分の1に至るキャッシュアウトがあり得るということで、これはそのとおりなんですが、理屈からいくと、もっと多くの数字まであるのではないか。

○**武井報告者**　確かに基準日があるとそこでずれますね。基準日問題があるから、そうですね、3分の1にとどまらないですね。

○**飯田委員**　基準日後株主も反対株主になるという一般的な解釈、私はこれに反対していますが、一般的な立場からすると、もっと高いのかなと思いました。それはともかく、ここでのポイントは、買取請求という形にせよ何にせよ、とにかくキャッシュがそのタイミングで出ていくことが問題であると理解してよろしいでしょうか。適切な企業価値のプロラタ価値が公正な価格として算定されて、買取請求で現金が出ていくということであれば、株式価値それ自体は影響がないように思える。そうすると、比率が後で崩れるみたいな話もあまりないように思ったのです。実際はそういう理論的にきれいな数字で算定されるわけではないので、比率も後で崩れることになってしまうとは思いますが、問題の中心はキャッシュが出ていくことそれ自体と考えてよろしいですか。

○**武井報告者**　そうですね、日本で行われた株対価は、武田・シャイアーの事例がありますが、当該件について紹介されている商事法務の論文（2201号42頁）にも、株式買取請求権に伴う点が懸念事項であったことは明確に書かれています。当時は産競法特例だったのですが、それを使わなかった理由が2つありまして、そのうちの1つが買取請求権であるということが明確に述べられています。財務的健全性と希釈化の状況を踏まえてちゃんと決

まったこの混合比率が、あとで最大3分の1の規模で追加で変わるかもしれないという不確実性はとても容認できないということは、広く言えるかと思います。Ｓ社側の規模も大きかったですし。

○飯田委員　買取請求について、そもそも買収側に買取請求が必要なのかということ自体も大きな論点としてあるかなと思いますが、よくわかりました。どうもありがとうございました。

○加藤委員　ご報告ありがとうございます。2点、コメントがあります。

　1点目は、株式交付制度についての論点です。株式交付制度についての論点は会社法上の株式交付制度の射程が狭いという話と、あとＰ社側の買取請求権と、混合対価の話に分かれますが、これは先ほどの飯田先生の最後のコメントにも関係しますが、Ｐ社側の買取請求権の話と混合対価の話は、株式交換についても妥当すると思います。そうすると、例えば株式交付だけ手当てして、株式交換は手を入れないという立法が果たしてできるのか、若干気になりました。

　もう一点は、37ページの「『コンプラ研修』から『インテグリティ研修』への転換」についてです。インテグリティという言葉は欧米の社会規範と密接な関係があるため、日本人が理解することは難しいように思います。この点はフィデューシャリーやスチュワードシップと共通する部分があるかもしれません。ただ、日本語に訳すと余計に意味がわからなくなる可能性もあります。実務においてインテグリティがどのような意味で用いられているか興味がありますので、インテグリティ研修の具体的な内容を教えていただければと思います。

○武井報告者　ありがとうございます。確かに買取請求と混合対価の話は、株式交換についても併せて直すべきですね、おっしゃるとおりです。株式交付について直す際に株式交換についても直していただいたほうがよいかと思います。

　インテグリティの話は、最近いろいろありますステークホルダーとのダイアログ・対話もありますし、会社で言えば社会との向き合い方になってくる

51

など、マネジメントを含めていろいろなステークホルダーとのコミュニケーションがサプライチェーンで起きている。その中でのステークホルダーの目線とか、多角的な視点で物事を見ましょうという話がインテグリティ研修の本質となります。

　コンプラ研修も本当はそういう研修であるべきですが、どちらかというと、こういう法律があります、ここにはこう書いてあります、これはやってはいけませんなど、法律の文言の説明的なものが多いのが、コンプラ研修という用語からの一般的イメージのようです。

　それをもう少し趣旨にさかのぼって、なぜこれがだめなのかということを考える。現場現場が「自律の連鎖」というか、セルフガバナンスになるために。目指すべきなのは、最後は現場がリアルタイムに適切な判断をしてもらうのが一番大事で、いいわけです。そのためにはちゃんと考える力を養っていく。考える力を養う的なものがインテグリティ研修です。

　コンプラ研修は、こういう事件・事象がありましたとか、再発防止でこれをやるなよといったものですが、そういうイメージを変えようとしているのがインテグリティ研修です。

　教える側もいろいろな形で、誰かが答えを持っているというよりは、大学で言うと、ゼミ方式みたいな感じでしょうか、ディスカッションをすることが大事になると思います。そういった形で考える力を養う。その中で、多角性・多様性の視点も持つ。個々人にはいろいろな形で、アンコンシャス・バイアスは何らかあります。そうかといって、何でも気にすると物事が動かなくなる中で、どうすれば物事が前に進むのかという観点から、いろいろな視点を知って、その上で立ち止まるのではなく、何らかソリューションを開発して前に進める力をつけるというものです。イメージ的な話でしたが。

○**宮下委員**　武井先生、非常に網羅的なご報告をいただき、大変ありがとうございました。大変勉強になりました。

　その中で、私は、資料の41ページの第2層の役割のところで少しご質問させていただければと思います。第2層の役割として、ハンズオンで関与す

べき事項が何かという論点があるというお話だったかと思いますが、最近、M＆Aの世界では、社外役員を中心に構成される特別委員会が非常に大きな役割を担うようになっており、これはまさに、今回のご報告における、第2層が役割を果たしている例になると思います。

　特別委員会が関与する場合として、ここで挙げていただいているように、利益相反性がある場合、MBOとか、親会社が子会社を非公開化するといった場面で、第2層が機能するというのはすごくわかる話かなと思いますが、最近のM＆Aの現場で言うと、利益相反性がある場合にとどまらない議論になってきているように感じるところがあります。

　例えば経産省が公表している「企業買収における行動指針」の中でも、特別委員会の設置が有用であると考えられる場面として、利益相反性がある場合だけではなくて、複数の公知の買収提案が存在し、説明責任が高いような場合が挙げられていますが、これは利益相反性とは別の観点であると思われます。あるいは、企業がアクティビストから受ける提案の中には、利益相性とは関係なく、単純にM＆Aのような会社の重要な戦略に関して、社外役員による特別委員会を組成して、そこで判断させるべきだというものがあったりします。

　そういった利益相反性がある場合以外の場面での特別委員会の設置、すなわち第2層がハンズオンで関与することに関しては、今回のご報告の文脈で言うと、どのような形で正当化され得るのか。あるいは武井先生のお考えとしては、それはおかしいのではないかということになるのか、そのあたりのご意見を伺いたいと思いました。

　資料に記載いただいている内容で言うと、41頁の2つ目の●の①と②があって、①は、利益相反性の強度についての言及で、②は、当該企業集団の利益に与える影響度等というのが基準としてあるので、M＆Aは、当該企業集団の利益に与える影響度が非常に高いという意味で、②にかかってくるのかもしれないのですけれども、他方で、本来的に業務執行そのものであるものを、重要性が高いからという理由で2層がハンズオンすべきだということ

53

になるのかというと、それは直ちにそうはならないのかなと思うところもありまして、そのあたりをお伺いできればと思いました。

○**武井報告者**　ありがとうございます。確かに①と②とは or ではなく and なのだと思います。M&A も第三者委員会も、それを決め切っている委員会なのか、意見を聞いている委員会なのかというのはあると思うのですけれども、そこも 2 層がやったほうが透明だというものと、当然情報が少なくなり、現場から遠くなり、適正な判断にならないかもしれない。独立性というのは元々消極要件なのであって、そういう独立性と積極要件のほうである実効性・効率性との間にはトレードオフがあると言うことが、これは独立役員制度の導入の時から議論があるところです。こうしたトレードオフについてきちんと考えた上で、1 層と 2 層との役割分担は、相当個別に考えるべきなのであって、何でもかんでも独立者が行うべきであるとか何となく 2 層がやったほうがいいという印象論的な議論ではないわけで、おっしゃるとおりだと思います。

　MBO の場面については実務が形成されてきていますけれども、それ以外の M&A 取引に関しては、第三者委員会の位置づけを含めて、どのくらいやるべきかというのは是々非々なのだと思います。そういう意味で、①と②を and で考えた上で、2 層がどこまで関与しないと、何が果たして埋まらないのか。利益相反性は意味としてやや多義的なので、何が埋まらないのかという部分です。しかも、そもそも 1 層の意思決定に対してどういう違和感があるから、そういうハンズオンの議論になっているのかというところから解きほぐして、2 層がどこまでやるべきなのかという話になると思います。貴重なご指摘ですので、先生のほうでもハンズオンの部分についてぜひいろいろとご研究を進めていただけましたら幸いです。

○**宮下委員**　特別委員会は、本当の意味での純粋な諮問型である場合、すなわち、単に特別委員会の意見を聞いて参考にするというだけであれば、第 1 層が業務執行の決定をする上でのプラスアルファの情報でしかないのかもしれないですが、現実には、特別委員会をつくると、特別委員会の意見を「尊

重します」という表現であったとしても、実情は業務執行者が特別委員会の意見と異なる決定をするということが事実上あり得ない感じになってしまっています。

　そうすると、武井先生が先ほどおっしゃられたように、「決め切る」特別委員会のようなものが、利益相反性がない状況で存在しているというようなことが、実務の現場では生じているのではないかというのが私の問題意識としてあり、それは必ずしも議論がないことではないということなのかなと理解しました。

○齊藤委員　非常に広範なテーマにつきまして、最新の状況をお教えいただき、誠にありがとうございました。大変勉強になりました。私からは、株式交付の債権者異議手続を外せるかという論点につきまして、お伺いいたしたく存じます。

　株式交付制度が創設されたときに株式買取請求権と債権者異議手続が残ったことの問題点は、当時から武井先生もご指摘になっておられ、その議論が顕在化したのだと理解いたしました。

　この2つの手続を、今の株式交付制度のまま外すことは、先ほど加藤先生もおっしゃったように、株式交換完全親会社の手続との整合性の観点から、難しいのではないかと思われます。他方で、債権者異議手続の機能を武井先生に倣って因数分解したときに、株式交付において同手続が必要とされるべき範囲については、再考する余地もあるかもしれないとも思われました。

　債権者異議手続は、現物出資による募集株式の発行等の場合には、必要とされていないのですが、募集株式の発行等における現物出資規制の役目は大きく分けて3つございます。1つは、株式引受人間の公平を図ること、2つ目は、既存の株主との関係を整理すること、隠れた有利発行規制という側面です。それから、3つ目が、債権者の保護です。ただし、ここにおける債権者の保護は、資本金を正しく計上させるという点において、でございまして、出資されたものの実価にあった資本金に計上するということを確保するために設けられているものでございます。

これに対しまして、組織再編の債権者異議手続は、ご指摘くださいました
ように、合併制度に続いて株式交換ができ、会社分割ができるに従い、さま
ざまな役割が課せられてきました。債権者異議手続については、まず、既存
の株主や株式引受人の保護という問題は出てきません。純粋な会社債権者の
保護のための制度で、大きく分けて３つ機能がございます。１つは、合併等
も含めて、債務者たる会社が新たな債務に引き継ぐことからの保護です。そ
れから、会社財産が流出することからの保護です。最後に、資本金の計上の
仕方で、組織再編会計においては、資本金等の計上の仕方につき一定の緩和
が認められることからの保護です。全て、債権者に影響を与えそうだが、債
権者異議手続をしておくから、自由にやってよいというような整理をされて
きたように思われます。

　現金の流出による債権者保護の問題が、なぜ募集株式の発行等の場合に出
てこないかというと、現金を対価に他社の株式を買うことによる現金の流出
は、新株発行とは別の行為と捉えられているからです。株式対価Ｍ＆Ａにお
いて、新株予約権社債の承継のような債務の引き継ぎの問題も生じないのだ
とすると、現物出資規制と債権者異議手続における債権者保護の機能の共通
点は、資本金の計上のところだけということができます。

　あり得る方策は、株式交付計画の中から現金対価の部分を丸ごと取り出す
ことだと思います。これは、株式交付とは別の行為である、という説明をす
ることができるのであれば、対価における現金の割合に関わらず、現金の流
出に伴う債権者異議手続というものは不要になる。後は、資本金の計上の仕
方について、株式交換の場合に債権者異議手続が不要となる場合と同じよう
に、原則通りの対応ができるのであれば、債権者異議手続は要らなくなるの
ではないかと思います。そういう整理によって、実務において使える制度に
なるかということにつきましてお伺いしたいと思います。

○武井報告者　ありがとうございます。イノベーティブでとてもすばらしい
整理だと思います。もともと株式交換の現金対価のときに債権者保護手続と
いうのは、Ｓ社の何の権利義務も包括承継していない状態のときに、相当違

和感がありました。先ほどの加藤先生のお話もそうでしたが、株式交換とかも含めて一緒にこういう話を提示していただけましたらいいなと思います。現金部分を外に出すことで混合対価の論点についても一定の整理につながりそうですし。先生の整理も大変勉強になって、いい整理だなと思ってうかがっておりました。ぜひともこの線で研究を深めていただけましたら幸いです。ありがとうございます。

○松井（智）委員　皆さん株式交付でたくさんご質問をなさっているので、私は後ろのほうで質問をしようかなと思います。

　43ページの一番上ですが、これはさまざまなステークホルダーに対して統一的な情報を開示することによって、例えば株主にはＡという説明をし、取引先にはＢという説明をしということがどんどんできなくなっているということを指摘されるものかと思います。なぜそれが問題なのかということで、例えば、ESG関連の非財務情報開示をしているときに、ESGには逆行するけれども、経済安保を考慮して一定の経営方針を立てたという場合と考えてみました。

　例えば現在はＡ国の工場を維持してGHG排出量を大幅に減らすというような将来設計は立てているけれども、実はＡ国からはもう撤退したくて、国内で少しGHG排出効率が悪い工場への移転をしようという経営方針を持っていたとします。その理由には事業上の秘密から経済安保、国の政策までいろいろな理由が含まれることがありえますが、理由を告げずに撤退方針を開示すると、Ａ国の側が、何で撤退するんだということを言ってきたり、一般投資家がGHG排出量の減少の割合について、地球的観点から見ると、今のプランのほうがいいのではないかと言ってきたりすることがあると思います。

　しかし、企業の側は、なぜその判断をしたのかということを説明できない場合もあるのではないでしょうか。温対法にも、GHG排出量の開示が競争法上問題となる場合には情報をぼかすことが認められています。そうすると、もしかすると非財務情報開示においても、説明してはいけない事項もしくは

説明を免れるべき事項があるかもしれないと伺っていて思いました。こういった点については、開示を免除するのか、例えば保証をする人たちが、「市場への説明はないけれども自分たちは説明を受けました」と保証するとか、何かしら市場に情報を出さずに、全体のいろいろなことを考えて、due processで決定をしたのだということを確保できる仕組みのようなもので解決するのだろうかというのを疑問に思いました。武井先生の問題意識はそういった内容のものであったのかどうかも含めて、今のご感触について伺えればと思うのですが、いかがでしょうか。

○**武井報告者**　ありがとうございます。まさに公開の場で全部出すことが適切ではない場合をご指摘いただいたのだと思います。端的にそこを含めて、2層までは守秘義務を負っているので、2層が受けとめてそれをいいと言ったのだから、サステナ関連について3層は2層の言うことに納得してくれと。直接民主制型に偏ってきた日本では1層と3層があっても、2層がきちんとないと回らない世界に、今なってきているのだと思います。そういう意味で、3本の矢といいますか、間に2層目の部分があることによって機能するのだと思います。経済安全保障とかも絶対に外にできない話がいっぱいありますでしょうし、そもそも法制度上、基本的に守秘義務もかかっていますので、情報を出したら、逆に別の法律違反になってしまいます。

　外に全部さらけ出すことが適切にならない懸念というのは、前から情報開示の世界ではあるのですけれども、そうした点が妥当する事項がより広がってきているのだと思います。そこを含めた2層の機能の実装化、ボード機能の実装化が求められていると思います。ボードがそこを受けとめているということをやっていくことかと思います。

　その上で、最終的には2層に対する信頼性、実効性を確保する仕組みのあり方が論点になるのだと思います。

○**神作会長**　それでは、時間となりましたので、本日の研究会はここで終了させていただきたいと思います。武井先生、大変貴重なご報告と、参加者の皆さんには活発なご議論をいただき、ありがとうございました。

次回の研究会についてでございますが、議事次第に記載されておりますように、10月11日（金）10時半から12時半まで、松井智予先生からご報告を行っていただく予定でおります。松井先生、どうぞよろしくお願いいたします。

○松井（智）委員　よろしくお願いいたします。テーマに関してですが、今、人権侵害で出しておりますけれども、もう少し広くESG関連の今言ったような開示関係も含め、訴訟の現状ということで発表を考えております。

○神作会長　テーマについては若干変更があるということで、また正式な開催通知のときにご連絡を差し上げます。

　それでは、本日は以上でございます。誠にお忙しいところをありがとうございました。

報告者レジュメ

金融商品取引法研究会

経済成長戦略と上場会社法制

2024年7月24日

弁護士　武井　一浩

本研究会限り

経済成長戦略を促進する会社法改正

～株式交付制度の射程拡大を例に～

本研究会限り

株式対価M&Aの活性化に向けた会社法の見直し

● 2024年6月21日閣議決定内容（以下の内容等の株式対価M&Aの活性化に向けた会社法の改正を検討し、法制審議会への諮問等を行い、結果を得次第、法案を国会に提出する）

1. 買収会社が上場会社である場合、当該上場会社の株式流通市場における株式売却の機会が担保されていることを踏まえ、当該買収会社の反対株主の買収会社に対する株式買取請求権を撤廃する。
2. 現行法上、株式交付は、制度利用可否を一律に判断する観点から、国内株式会社を買収する場合のみに利用が認められているところ、スタートアップ等の積極的な海外展開ニーズが高まっていることを踏まえ、外国会社を買収する場合にも利用可能とする。
3. 現行法上、株式交付は、一度の制度利用で買収会社が買収対象会社を子会社化する場合のみに利用が認められているところ、既に子会社である株式会社の株式を追加取得する場合や連結子会社化する場合にも利用可能とする。
4. 現行法上、株式交付は、買収対価が株式のみである場合には買収会社において債権者保護手続が不要となっているところ、株式と現金を組み合わせた混合対価の場合にも、必ずしも過大な財産流出が生じないことを踏まえ、同手続を撤廃する。

株式交付制度についての課題

- M&Aにおいて現金対価か自社株対価（株対価）かは中立的な選択肢。しかし日本では法制的理由もあり株対価が使いにくい。
- 令和元年会社法改正で株式交付制度が新設。株式交付制度については税制上も組織再編税制（法人税法）の射程外の租特法の世界で課税繰延措置が手当てされた（なおS社株式の譲渡損益の一定の課税繰り延べがないと株対価M&Aはそもそも利用されない）。
- しかし現行の株式交付制度は射程があまりに狭く、課題が残っている。

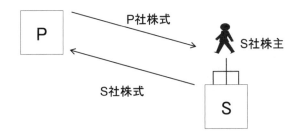

株対価M&Aの意義

1 株対価M&Aの意義・重要性

● 買収時点での金銭換算という一種の手切れ金的性格を有する現金対価と異なり、株対価（エクイティ対価）では、S社株主がP社株を持つ結果、S社株主はM&Aによるシナジー（相乗効果）を享受できる。両者協働によるオープンイノベーション促進やエコシステム形成等の前提となる重要な選択肢である。

2 混合対価（現金対価と株式対価とのミックス）の重要性

● 元々、M&A対価における現金と株式との混合比率には、財務の健全性や株式発行希釈化等のバランスから、適正な混合比率がある。オール現金対価かオール株対価を主眼に法制が整備されている現状をさらに改革していくべき。
● 大規模M&Aにおいて、欧米では案件の約3割から5割が混合対価。しかし日本は法制的課題もあってほぼすべて現金対価（逆に欧米では行われうるM&Aが行われにくい法制的課題がある）。

本研究会限り

株対価M&Aの制度インフラがイコールフッティングになっていない

	対価がP社株**Only**	混合対価（P社株＋現金）
S社株式を100%取得（強制取得）	A 組織再編行為（会社法＋法人税法）	B 会社法上の課題＋税制上の問題点
S社株式を100%未満取得	C 会社法上の株式交付制度の射程が狭い	D 会社法上の株式交付制度の射程が狭い

本研究会限り

株対価M&Aの意義②

1 イノベーション促進／経済成長戦略／経済活性化の重要な選択肢である
- シリコンバレー系やDPF等において欧米で普通に積極的に活用されている。
- 手元資金に余裕のない新興企業等にとっても事業提携やM&Aの機会が拡大する。株式市場等で将来の成長が期待されるが足元で資金に余裕のない企業にとって、企業成長に向けた積極的施策がより打ちやすくなる。
- 売手側の創業者や投資家はM&Aを一定の利益確定機会として見ることが多いことから、①買手側の手元資金・②売手側の取引の誘因のバランスとして株式・現金の混合対価が望ましいケースがしばしば存在。
- デジタル化＋グローバル化が急速に進む第4次産業革命／デジタルイノベーションの時代において、日本企業が欧米企業を含む海外企業等とイコールフッティングになっていないことは重大な問題
- NISA改革／資産運用立国等で進む日本株の国際的魅力の向上
- 現下の円安基調での重要な経営戦略

2 大規模M&Aを実施するための重要な選択肢となる
- 大規模M&Aで「all 現金で調達することが基本」というのはおかしい。
- 日本企業P社が海外S社との間で事業提携／M&Aを行う形での活用。

3 事業承継等の近時の重要な社会的ニーズに対しても多様な選択肢を提供できる

本研究会限り　　　　　　　　　　　　　　　　　　　　　　　　　　　　　7

株式交付制度の拡張がなぜ必要か

1 株式交付制度（や株式交換等の組織再編行為）は「現物出資規制」の射程外となっている。現物出資規制の世界では、(1)P社取締役及びS社引受株主の価額填補責任、(2)検査役調査、(3)P社における有利発行規制において、株対価M&Aは実施が困難。
2 株対価M&AはS社株主の手元ではS社株式とP社株式との比率での交換行為。P社とS社とが真摯に交渉して交換「比率」で決めたものを、(募集事項決定時点からクロージング時点までの間にP社株価もS社株価も当然変動するのに)わざわざS社株式の「価額／金額」とかP社株式の「価額／金額」に置き換えて、価額填補責任や有利発行規制等を課している現行法制度が、株対価M&Aの基本構造に合っていない。

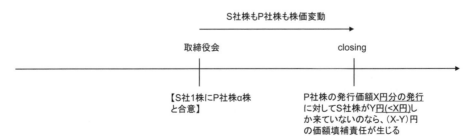

本研究会限り　　　　　　　　　　　　　　　　　　　　　　　　　　　　　8

会社法上の「組織再編行為」であることの因数分解

	合併	会社分割	株式交換	株式交付	備考
1 S社の権利義務の包括承継	○	○	×	×	
2 S社株式のP社への強制収容（S社の総会多数決）	○	×	○	×	
3 P社株式発行における現物出資規制の適用除外	○	○	○	○	契約・計画の作成、S社に関する状況をP社株主に開示した上での発行
	S社を清算手続を経ないで世の中から消滅させないといけない	S社権利義務の包括承継	S社株式の強制収容	株対価M&Aの一種（S社の子会社化）	

- 合併→平成12/13年改正で①S社の債権者周り（会社分割）と②株主周り（株式交換）に因数分解→令和元年に株式交付制度創設
- 1と2は法人税法上の組織再編税制の対象
- 1と2がある→S社が日本の会社でないといけない（？）

本研究会限り 9

株式交付制度についての論点

- 株式交付制度はすでに現物出資規制の例外。株式交付制度について以下の点を見直し、欧米企業が採れている選択肢とイコール・フッティングにする。

1 株式交付制度の射程の拡張（子会社化概念、S社が外国会社であること）
(1) P社はS社に関する情報を開示した上でP社株主の意思決定を経て（簡易要件はあるが）P社株式を発行している。通常の現物出資行為と異なる要素。

- 税制上、法人税法上の「組織再編（税制）」はS社株主の多数決によるS社株式の強制収容行為（S社に法人課税あり）。「株式交付」は組織再編税制の射程外（租特法）。株式交付（という現物出資の例外）以外に新たな現物出資規制の例外（＋それに対する税制措置）を作るのはいろいろな意味で非効率。

(2) P社が日本企業なので日本の会社法事項。他方でS社の全株式を（S社の総会決議を経て）強制収容する行為ではないしS社の事業上の権利義務の承継を受ける行為でもないので、S社が外国会社でも射程に含めるべき。

本研究会限り 10

株式交付制度の見直し

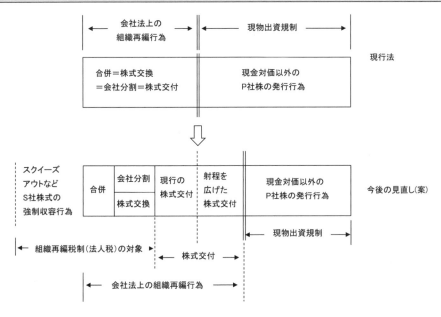

注 現物出資規制の対象外となるP社株式の発行行為は組織再編行為以外にもあり得る

株式交付制度についての論点②

2 P社側の株式買取請求権
　簡易でない場合（P社の発行株式比率が2割を超える場合）についても、P社側の株式買取請求権を外すこと（P社が上場会社の場合に限るか否かは論拠次第）

● 現行の産業競争力強化法ですでに導入。せっかく適正な混合比率の混合対価を定めたにもかかわらず、P社側の株式買取請求権のため最大で3分の1に至るキャッシュアウトがあり得る不確実性は許容しがたい。

● 合併は「S社の権利義務もS社株式もP社がすべて強制収容する行為」でP社側に株式買取請求権あり。合併が因数分解されて株式交換と会社分割へ。しかし株式交付はP社株式とS社株式とを任意に交換している行為（S社権利義務の承継もない）であり、元の合併等とは相当異なる（むしろ株式譲受（買取請求権なし）に近い）。P社側で総会決議（しかも特別決議）を経ているのに、「合併等と同じでP社側株式買取請求権は必須」と制度設計する必然性はないのではないか。

3 （1） 簡易要件の判定において、現金対価部分は外して算定すること
　 （2） 混合対価で現金を交付する場合、P社側の債権者保護手続を不要とすること

4 S社側が上場会社の場合のTOB規制等についても整備すべき点がある。

経済成長に資するガバナンスと上場会社法制

本研究会限り   13

CGコード制定を経てこの10年で急速に深化した「ガバナンス」改革

1　2015年のガバナンスコード（CGコード）の制定等を契機に、この約10年間のガバナンス改革について、経済成長戦略の観点から高い評価が多い

2　ガバナンスコードが提示したガバナンスの定義→自律の仕組み

● 「会社が、株主をはじめ顧客・従業員・地域社会等の立場を踏まえた上で、透明・公正かつ迅速・果断な意思決定を行うための仕組み」＋「持続的な成長と中長期的な企業価値向上のための<u>自律的な対応を図る仕組み</u>」→経営の自律性を失わないための取組み

● 自分のコトを自分で決められない企業体は成長しない

● 企業価値とガバナンスとが表裏一体の時代になっている

3　ガバナンスに関する切り口

①　パーパスを踏まえた自律が連鎖している仕組み
②　各構成員の動機付けの仕組み
③　社会に対してアカウンタビリティを果たせるための仕組み

本研究会限り   14

CGコードにおいて行われたボード(監督)機能の「見える化」

1　ボード機能(監督機能)(CGコード第4原則)

(1) 企業戦略等の大きな方向性を示すこと

(2) 経営陣幹部による適切なリスクテイクを支える環境整備を行うこと(←①多角的な視点から骨太な議論がなされていること、②失敗から学ぶ経営でないとリスクテイクはできない)

(3) 独立した客観的な立場から、経営陣に対する実効性の高い監督(←指名、報酬、監査機能を含む)

2　機関設計の別を問わず、ボード機能の実装化が上場会社全体に広がっている。

●　この10年間で大半の上場企業の取締役会の運営は目に見えて様変わり

3　機関投資家等も、ボード機能を含むガバナンスが充実しているところに投資する(インベストメントチェーンにおける説明責任)＋多数の銘柄を持っているパッシブ投資家ほど企業側のガバナンスの仕組みに任せたい。

本研究会限り

自律と他律の境界線

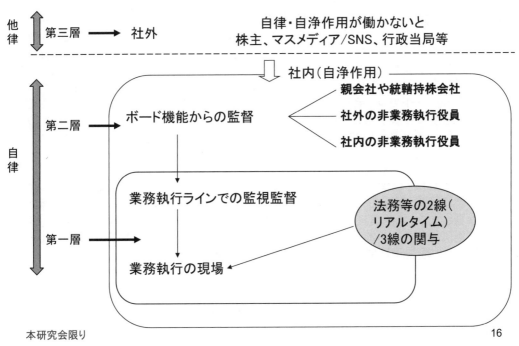

本研究会限り

イノベーションを支えるガバナンス（攻めのガバナンス）

1　企業のイノベーション・挑戦を支えるガバナンス態勢

● CGコード制定の前提となった2014年の日本再興戦略（3本めの矢）

「日本経済全体としての生産性を向上させ、「稼ぐ力（＝収益力）」を強化していくためには、企業経営者……が自信を取り戻し、未来を信じ、イノベーションに挑戦する具体的な行動をおこせるかどうかにかかっている」、「日本企業の稼ぐ力すなわち中長期的な収益性・生産性を高めるには…コーポレートガバナンスの強化により、経営者のマインドを変革し、グローバル水準のROEの達成等を一つの目安に、グローバル競争に打ち勝つ攻めの経営判断を後押しする仕組みを強化していくことが重要である。特に、数年ぶりの好決算を実現した企業については、内部留保を貯め込むのではなく、新規の設備投資や、大胆な事業再編、M&Aなどに積極的に活用していくことが期待される」

本研究会限り　　　　　　　　　　　　　　　　　　　　　　　　　　　　　　17

イノベーションを支えるガバナンス（攻めのガバナンス）

● 会社は、株主から経営を付託された者としての責任（受託者責任）をはじめ、様々なステークホルダーに対する責務を負っていることを認識して運営されることが重要である。本コードは、こうした責務に関する説明責任を果たすことを含め会社の意思決定の透明性・公正性を担保しつつ、これを前提とした会社の迅速・果断な意思決定を促すことを通じて、いわば「攻めのガバナンス」の実現を目指すものである。本コードでは、会社におけるリスクの回避・抑制や不祥事の防止と言った側面を過度に強調するのではなく、むしろ健全な企業家精神の発揮を促し、会社の持続的成長と中長期的な企業価値向上を図ることに主眼を置いている（序文7項）。

● 取締役会は、経営陣幹部による適切なリスクテイクを支える環境整備を行うことを主要な役割・責務の一つと捉え、経営陣からの健全な企業家精神に基づく提案を歓迎しつつ、説明責任の確保に向けて、そうした提案について独立した客観的な立場において多角的かつ十分な検討を行うとともに、承認した提案が実行される際には、経営陣幹部の迅速・果断な意思決定を支援すべきである（原則4-2）

本研究会限り　　　　　　　　　　　　　　　　　　　　　　　　　　　　　　18

上場企業経営を取り巻く環境要素（例）

1　市場制度改革→いわゆるPBR改革（「資本コストや株価を意識した経営の推進」）

2　日本経済は（力強く）回復基調という見方（法人税額はバブル前を超えた）

●　資産運用立国。米国は株価上昇益と配当収入が家計消費を支える

●　「グローバル競争に打ち勝てる強い企業体であること」の重要性はより増している

3　各所で行われている人的資本改革（「費用」から「投資」へ）

4　サステナビリティ・ガバナンスへの対応

5　サプライチェーン・マネジメントへの対応

6　DX化（＋生成AI等I）への対応

●　データガバナンス、DFFT（data free flow with trust）の推進、デジタル市場法等の各種デジタル法制、サイバーセキュリティのリアルな脅威

7　国家経済安全保障への対応

8　複雑化しかつ厳格化するコンプラ社会

本研究会限り

イノベーションを支えるガバナンス（攻めのガバナンス）

1　イノベーションを促進する第1層強化のあり方

●　ロジカルな発信における伸びしろ（ただ日本企業は元々「できることを確実に発信する」傾向も）

●　「決められない企業体」であっては成長しない。創業者社長が率いる企業体のほうがPBRやROE等が高く投資に積極的で成長率が高い等のデータ分析もある。

●　サステナ時代＋DX化時代における複雑化した利害調整が求められる時代→挑戦・イノベーションを促進する経営環境の整備も上場会社法制設計上の一視点

●　1線・2線・3線の在り方（組織体としてのアンコンシャスバイアスの見直し）

●　「経営人材」は貴重な人的資本であるという発想

2　第1層に対する第2層の監督のありかた（執行と監督の分離の実質）

3　第3層（特に株主）の関与等のありかた（所有と経営の分離関連）

本研究会限り

成長を示すロジカルな発信

1 ①自社の「コンピテンス」を軸に、②「目指す姿」の実現のための「長期戦略」と「実行戦略」をロジカルな一貫性を持って描き、③②を評価するKPIの設定と実現を支えるガバナンスを構築し、④保有してほしい投資家層の企業分類（への自社の変化）を訴求する説得力ある実行戦略と進捗を投資家に説明・対話する。

2 資本市場が見ている将来のCFは「期待」（将来の成長期待を高めないとPERは上がらない）→投資家側の期待をマネージする情報発信・対話。

3 ①資本コストを上回る投資戦略＋資本戦略（資本の効率性）、②VUCA/SXの時代に求められる経営戦略の転換＋それを支える競争優位性（←機関投資家は相対比較）を示した「ヒトモノカネ」戦略

4 企業会計の数値だけでは将来を訴求されていない。純資産は「過去」を示しているが、非財務価値は「将来」への期待。非財務情報は長期投資を促す／長期資金を上場企業に招き入れるためのforward lookingな情報。過去の実績をルールに則って正確に報告する企業会計→「将来への投資」（BSの右側を投資にどう振り向けるか）をロジック・ストーリー性（確からしさ）をもって行う。

5 ①進むべき方向性→②①のシナリオ分析（正しい分析でもリスクのない分析でもない。前提条件が変わったときのタイムリーなモニタリング）→③他企業との相対比較を経た競争優位性。過去の高実績もそれが維持されるドライバーは何か。成功の確度に対する懐疑的評価の見直し。

本研究会限り

21

サステナビリティ・ガバナンス

1 上場会社は、サステナビリティをめぐる諸要請に対応しないことには、自社のレジリエンスが問われる時代になっている（適者生存社会）

2 「社会課題の解決を通じた経済の活性化」が重要な経済成長戦略

● 社会のサステナビリティと企業のサステナビリティとを同期化しそのために必要な経営・事業改革を行うSX（サステナビリティ・トランスフォーメーション）戦略。

● 元々日本は社会との共生（三方/五方良し）が企業理念として定着。

● サステナ情報（非財務情報）開示の強化（ロジカルな対外説明）→リスクと「機会」、それに対応する戦略と（当該戦略を実現させる）「ガバナンス」。

● サステナビリティ訴求は、①当該企業が有意な人材を採用する面で重要なだけでなく、②その国の資本市場としての魅力という観点からも重要性が増している。たとえば欧州でも個人株主拡充の文脈で個人株主の高齢化の課題が議論され、若年層に投資機会を増やすという問題意識から様々な制度論の議論が進展。

3 サステナ対応では、グローバル化とDX化が進む中で、自国政府だけですべて進めることに無理・限界がある領域が増え、企業側に一定の対応・責務を求めざるを得なくなってきている。

本研究会限り

22

サステナビリティ・ガバナンス

4　サプライチェーン・マネジメントの要請も様々なイシューで本格化

5　サステナビリティ対応には利害調整が複雑・難解な事項が多い

● サステナ対象事項は、気候変動、人的資本・人権、自然資本、DX化対応（サイバーセキュリティ対応を含む）、国家経済安全保障などきわめて多岐にわたる。

● サステナビリティ事項は、総論では一致をみても各論ではいろいろな価値観等から乖離が激しいという性質のものが多い。当該施策に対する対応策も様々で一致した各論にならないものが多い。「Aを採ればBから激しく叩かれる」「Aをとるとバランスが変わってBを新たに阻害する事態」なども起きる。

● サステナ対応の中には短期利益でなく中長期的に進めていかないといけない事項が少なくない。短期志向・短期主義の動機が強い者が経営現場に影響をもたらすと、最適解のサステナ対応とならない懸念がある。

● 市場原理からサステナ対応が遅れる→社会の分断の懸念→政治的イシュー化

DXガバナンス/AIガバナンス

1　DXは、単なるIT化・デジタル化ではない。企業がデジタル社会・デジタル経済に対応して新たな価値を創造し企業価値を高めていくこと。

● 「デジタル技術とデータの活用が進むことによって、社会・産業・生活のあり方が根本から革命的に変わること。また、その革新に向けて産業・組織・個人が大転換を図ること」「従来から企業が導入してきた、デジタル技術や機械を用いた単純な改善・省人化・自動化・効率化・最適化をもって、DXとは言い難い。社会の根本的な変化に対して、時に既成概念の破壊を伴いながら新たな価値を創出するための改革」「DXはあくまで手段であり、それ自体が目的化してはいけない。企業の経営ビジョンを実現するためにどのようにDXを活用するかという視点が重要である」（2019年の日本経団連の整理）

● コロナ禍を経てDX化はさらに進展

● DX化にはAIが伴う

DXガバナンス/AIガバナンス

2 DXでは必然的に、①社会的課題に対してこれまでできなかった新たな手法・アプローチ等によってより効率的・効果的に課題解決を行うことができるというプラスの側面と、②新たな社会課題を生み出す(サイバーセキュリティその他)という側面の二つの側面が共存する

→ 企業等が取り組むDXが社会的価値を実現するための各種動機付けと規律付けの仕組み(DXガバナンス)が重要

● AIガバナンス=「AIの利活用によって生じるリスクをステークホルダーにとって受容可能な水準で管理しつつ、そこからもたらされるインパクト(便益)を最大化することを目的とする、ステークホルダーによる技術的、組織的、及び社会的システムの設計及び運用」(2024年春のAI事業者ガイドライン)

● 技術的リスク(学習するデータの偏り、バイアス等)、権利侵害リスク(著作権について2024年春に文化庁等から一定の整理)、社会的リスク(人間が簡単にできないことをできてしまうことによるリスク。フェーク動画等。社会のバイアスの固定化リスク)

本研究会限り

DXガバナンス/AIガバナンス

3 「アジャイル・ガバナンス」が基本概念

● 何がセーフで何かアウトなのかを事前に決めにくい構造になってきている(+事前に決めてしまうとイノベーションをかえって阻害する)

● 強まる社会的要請の複雑性と社会的ゴールの多様化

● ①政府、②民間主体(医療機関等)、③個人・社会のマルチステークホルダーが協働する「分散型」の共同規制

● 企業、政府、個人・コミュニティのマルチ・ステークホルダーが、それぞれが持つ情報・価値観のもとに自主的なガバナンスを行いつつ、透明性と対話をキーワードとした他のステークホルダーとの信頼醸成のインフラを構築する(垂直型ではない)分散型の協働ガバナンス。

● 事前にルールや手続が固定化された仕組みを回すというよりも、①環境リスク分析、②ゴール設定、③システムデザイン、④運用、⑤分析、⑥再評価のサイクルをPDCAで継続的かつ迅速に回す。バリューチェーン上における主体間の連携確保を想定。

本研究会限り

DXガバナンス/AIガバナンス

4　日本のAI事業者ガイドライン（2024年春）もアジャイルガバナンス概念が基本

● AI使用の禁止・抑制ではなく、社会的要請（人間の尊厳の尊重、Diversity & Inclusion、サステナビリティ）に適ったAI利活用を促進するための基本原則等を整理したliving document。

● ①人間中心、②安全性、③公平性、④プライバシー保護、⑤セキュリティ確保、⑥透明性、⑦アカウンタビリティ、⑧教育・リテラシー、⑨公正競争確保、⑩イノベーションなどのプリンシプルを提示

● AIリスクがステークホルダーにとって受容可能な範囲となるための環境・リスク分析→ゴール設定→システムデザイン→運用→分析→再評価のPDCAサイクル

● AI利用者、AI開発事業者、AI提供者の別（＋三者協働でのリスク対応）

5　①AI利活用によって本当にリスクが高い部分が特定、②情報量が増えることでノイズも生じる→生成AIが人の判断を（補完はしても）代替まではしない

複雑化するコンプライアンス

1　不可避的に進むデジタル化→ブラックボックス性への各種不安
● 便利になる反面、各種の不安も増大している時代（欧米での社会の分断）

● SNS＋切り取りニュース等により容易に炎上しやすい社会（報道はリアルタイム性→朝刊・夕刊の1日2回から分刻みの報道へ）。アテンションエコノミー/エコーチェンバー/フィルターバブル‥

2　組織としての体制/態勢が整備されていないと一つの事象が一過性のものではない懸念→ガバナンス整備に対する社会的要請がより高まる

3　透明性強化の要請→他方で何でも透明化では適切な対応とならない事項も少なくない

4　コンプライアンス概念の浸透
→　コンプライアンスには法令遵守だけでなく社会通念に即した行動を取ること（コンダクトリスク）も含まれている
→　社会的規範自体がデジタル時代下で変わりやすいことで、それまで（一定のバランス下で）社会で何らの実害なく行われていた行為が、突如社会的に炎上に至る（コンプラ違反と騒ぎになる）事態も起きる

サステナ社会とDX化において複雑化するコンプライアンス

5 コンプライアンス対応の複雑性が増している（予見可能性の低下）

● 「ルールベース」は①ルールが社会の変化に伴って適時に変わらないと、趣旨に適った事項でも形式文言から形式的にコンプラ違反になることがありえる、②ルール自体がどんどん細かくなって過剰化する場合がある

● 他方、ルール上OKでも非難されるべき新たな事項があり得る→抽象的規範（プリンシプル）からの発動も同時並行で起きる（競争法、消費者法、労働法等は一種のプリンシプル法）→プリンシプルを踏まえ自分で考えるコンプライアンス

● 「ソフトローでは不十分だからハードローを」というわけでもない

6 サステナのイシューには「Aを立てればBが立たず」が数多くある
● Aを救うためバランスを変えることで新たに害されるBが生じることも少なくない。Bの中にはコンプライシューになることもある。サステナ対応と競争法との調整問題について現在各種取組みが進行中。

● 「とりあえずやめておこう」等のキャンセル型意思決定（企業に限らず起きる）

本研究会限り

板挟みによるキャンセル（萎縮効果による挑戦への悪影響）

1 最判令和5年11月17日（民集77巻8号登載予定）

2 Yは、独立行政法人日本芸術文化振興会法（「振興会法」）及び独立行政法人通則法の定めるところにより設立された独立行政法人。芸術家及び芸術に関する団体が行う芸術の創造又は普及を図るための公演、展示等の活動に対し資金の支給その他必要な援助を行うこと等が業務。Yが支給する助成金は、補助金等に係る予算の執行の適正化に関する法律の規定が準用。Yは、「文化芸術振興費補助金による助成金交付要綱」を定め、文化庁長官から交付される文化芸術振興費補助金を財源に、劇映画の製作活動等を対象とする助成金を交付。

3 本件助成金の決定プロセスは二段階。①申請者からの助成金交付要望書提出を受け、外部の有識者で構成される芸術文化振興基金運営委員会の議決を経て、助成対象活動及び助成金額を内定して申請者に通知する。当該基金運営委員会は、その下に設けられた分野別の部会及び専門委員会による審査の結果を踏まえて理事長の諮問に対する答申を行うところ、劇映画の場合、企画意図に則した優れた内容の作品であること、スタッフ・キャスト等に高い専門性、新たな創造性が認められること等が審査基準とされている。②交付内定の通知を受けた者が助成金交付申請書を理事長に提出し、理事長がその内容を審査し本件助成金を交付すべきと認めたときに交付決定となる。

本研究会限り

板挟みによるキャンセル（萎縮効果による挑戦への悪影響）

4　映画製作会社Xは、Yの理事長に「宮本から君へ」（「本件映画」）の製作活動につき、助成金（1000万）の交付を申請（交付要望書提出前に映画撮影は完了）→助成金交付の内定→出演者の麻薬及び向精神取締法違反の罪による有罪判決の宣告・確定→本件助成金を交付しない旨の不交付決定。本件映画は当初の予定通り劇場公開→Xは不交付決定の取消を求め提訴→地裁は不交付決定を違法、高裁は適法と判断が分かれた。

5　原審（東京高判令和4年3月3日）は、不交付決定に裁量権の逸脱・濫用がないと判示。「①本件出演者は、本件映画のストーリーにおいて重要な役割を果たすなどしていた著名人であるところ、本件有罪判決等が広く報道されたこと、②本件出演者が犯したのは重大な薬物犯罪であること、③本件出演者が出演していた他の映画等の多くでは代役による再撮影等の対応が採られていたこと等に照らすと、薬物乱用が深刻な社会問題となっている状況の下において、理事長が、本件内定後に本件有罪判決が確定した事実を踏まえ、薬物乱用の防止という公益の観点から不交付決定をしたことにつき、重要な事実の基礎を欠いているとか、その判断の内容が社会通念に照らし著しく妥当性を欠いているということはできない。かえって、④本件映画の製作活動につき本件助成金を交付すれば、薬物に対する許容的な態度が一般的に広まり、ひいては、Yが行う助成制度への国民の理解を損なうおそれがある。」

本研究会限り

板挟みによるキャンセル（萎縮効果による挑戦への悪影響）

6　最高裁は不交付決定を違法と判示

● 本件助成金交付に係る判断は、理事長の裁量に委ねられており、裁量権の範囲を逸脱し又はこれを濫用した場合に違法となる。Yの理事長は、‥本件助成金を交付すると一般的な公益が害されると認められるときは、そのことを、交付に係る判断において、消極的な事情として考慮することができる。

● もっとも、本件助成金は、公演、展示等の表現行為に係る活動を対象とするものであるところ、芸術的な観点からは助成の対象とすることが相当といえる活動につき、本件助成金を交付すると当該活動に係る表現行為の内容に照らして一般的な公益が害されることを理由とする交付の拒否が広く行われるとすれば、公益がそもそも抽象的な概念であって助成対象活動の選別の基準が不明確にならざるを得ないことから、助成を必要とする者による交付の申請や助成を得ようとする者の表現行為の内容に萎縮的な影響が及ぶ可能性がある。このような事態は、本件助成金の趣旨ないしYの目的を害するのみならず、芸術家等の自主性や創造性をも損なうものであり、憲法21条1項による表現の自由の保障の趣旨に照らしても、看過し難いものということができる。

本研究会限り

板挟みによるキャンセル（萎縮効果による挑戦への悪影響）

● そうすると、本件助成金の交付に係る判断において、これを交付するとその対象とする活動に係る表現行為の内容に照らして一般的な公益が害されるということを消極的な考慮事情として重視し得るのは、当該公益が重要なものであり、かつ、当該公益が害される具体的な危険がある場合に限られるものと解するのが相当である。

● Yは、本件出演者が出演している本件映画の製作活動につき本件助成金を交付すると、Yが「国は薬物犯罪に寛容である」といった誤ったメッセージを発したと受け取られて薬物に対する許容的な態度が一般に広まるおそれが高く、このような事態は、国が行う薬物乱用の防止に向けた取組みに逆行するほか、国民の税金を原資とする本件助成金の在り方に対する国民の理解を低下させるおそれがあると主張する。このことからすると、理事長は、不交付決定に当たり、本件映画の製作活動につき本件助成金を交付すると、本件有罪判決が確定した本件出演者が一定の役を演じているという本件映画の内容に照らし、上記のような公益が害されるということを消極的な考慮事情として重視したものと解することができる。

本研究会限り　　　　　　　　　　　　　　　　　　　　　　　　　　　　　　　　　33

板挟みによるキャンセル（萎縮効果による挑戦への悪影響）

● しかしながら、本件出演者が本件助成金の交付により直接利益を受ける立場にあるとはいえないこと等からすれば、本件映画の製作活動につき本件助成金を交付したからといって、Yが上記のようなメッセージを発したと受け取られるなどということ自体、本件出演者の知名度や演ずる役の重要性にかかわらず、にわかに想定し難い上、これにより直ちに薬物に対する許容的な態度が一般に広まり薬物を使用する者等が増加するという根拠も見当たらないから、薬物乱用の防止という公益が害される具体的な危険があるとはいい難い。そして、Yのいう本件助成金の在り方に対する国民の理解については、公金が国民の理解の下に使用されることをもって薬物乱用の防止と別個の公益とみる余地があるとしても、このような抽象的な公益が薬物乱用の防止と同様に重要なものであるということはできない。

● そうすると、不交付決定に当たり、本件映画の製作活動につき本件助成金を交付すると、本件出演者が一定の役を演じているという本件映画の内容に照らし上記のような公益が害されるということを、消極的な考慮事情として重視することはできないというべきである。

本研究会限り　　　　　　　　　　　　　　　　　　　　　　　　　　　　　　　　　34

板挟みによるキャンセル（萎縮効果による挑戦への悪影響）

● 理事長は基金運営委員会の答申を受けて本件内定をしており、本件映画の製作活動を助成対象活動とすべきとの判断が芸術的な観点から不合理であるとはいえないところ、ほかに本件助成金を交付することが不合理であるというべき事情もうかがわれないから、不交付決定は、重視すべきでない事情を重視した結果、社会通念に照らし著しく妥当性を欠いたものであるということができる。不交付決定は、理事長の裁量権の範囲を逸脱し又はこれを濫用したものとして違法というべきである。

7 公益が抽象的な概念である以上、①不明確な基準による選別となる、②資金拠出があとで不意にキャンセルされうるなどの不安が生まれ、制作活動自体の逡巡等の萎縮的効果が生じる懸念がある（仮に上映できない（あるいは必要な資金が足らない）となると、一俳優の行為によって他の多くの者に連帯責任が生じたことになる）。

→ こうした萎縮的効果は、芸術振興等を目的とした本根拠法の解釈において看過できないことから、公益を消極的考慮事情として重視できる場合を限定的に解釈したと考えられる。挑戦、チャレンジが起きにくい状況下における一つの興味深い判決。

本研究会限り

1層におけるガバナンス強化

1 マネジメント現場（1層）において多種多様な利害を考慮して判断をする適正手続（due process）的な仕組みの実装

● 当該利害はすでに考慮された上での決定であるというdue process的な発想

● サステナ、DX/AI →リスクの多角性→1層における議論の多角性、多様性。

● ①法務等の2線が当初からリアルタイムで関与しているのかなど関与者の多様性、②関与している2線側の専門性、能力育成、③リスクベースに対する正確な情報の共有、bad news firstの適時な情報共有等が重要要素

● 闘える力→決める力。

● 「現場で自分で考えるコンプライアンス」の重要性

2 ロジカルな発信→ロジカル性を詰める多角性、ガバナンス人材の育成・関与

本研究会限り

1層におけるガバナンス強化

3 「手続を重ねる→物事が決まりにくい態勢になる」？

● いろいろと横串を刺す仕組み（サイマル化の防止、コラボの仕組み）

● 社長（やボード）直轄のサステナビリティ委員会の設置が広がっているのも横串を刺している効果がある。統合報告書作成等も横串の良い機会。サステナ等の非財務情報開示の強化も企業集団内での情報連携が強化される効果がある。横ぐしを刺すためには経営トップを含むマネジメントのコミットメントが重要。

4 「自律の連鎖」の態勢整備

● 「コンプラ研修」から「インテグリティ研修」への転換

● 第3層（や第2層）から言われなくても、自社が持続的に成長するために行うべきことを自律的に行えていること。

● インテグリティは必要条件。現場とガバナンス部門とのローテーション等の人事政策や企業集団内の人財のリスキリング→強い経営人材の醸成

本研究会限り

人的資本の可視化は日本企業の強み（のはず）

1 経営戦略の実現にヒトがついてきていないと「ロジカルな発信」ではない

● ヒト・無形資産は競争優位性の根幹＋DX化で多くが知財化

2 「人的資本改革」は、「費用から投資へ」の転換を要請。営業数値を持っていないコーポレート部門等の多くが企業会計上の人件費や研究開発費という単年度費用としてしか企業内で捉えられていないことで、利益増加のため費用削減の対象となってしまっている悪循環を強く警鐘。

3 人的「資本」の用語の意味は深い（Stewardship概念にもリンク）

● human resource→タレントマネジメント→human "capital"

4 好調な欧米企業も大家族的発想、パーパス、カルチャー等を推奨（80年代は日本企業が「ヒトが一番大事」と言って海外資本市場からは冷笑）

● 日本型の全否定でなく、いかにヒトの付加価値を伸ばしているのかの実質（セルフコミットメントの重要性）。

5 ガバナンス関連部門の人材（法務等の2線、3線、ボード事務局、資本市場対話関連等）に十分なリソース（予算、ヒトモノカネ、昇進・出世）を割くこと

本研究会限り

ガバナンス人材等への人的資本改革の貫徹が重要

6　2線の中でも法務人材の人的資本改革を例に

● 「間接部門」「コストセンター」ではないことをハラ落ち（→人的役務の付加価値の見える化とのリンク）。2線側にもソリューション創出などの付加価値が求められる

● 「無事故無違反」（のメインテナンス）はそのこと自体が高い付加価値である。「何か事故等がある時だけマイナス評価」では育成されない。

● 難解な判断が求められるコンプライアンス事象の増加→ヒトモノカネのリソースを十分にかけられているか。コンプライアンス等について各現場がタイムリーに相談等ができる法務等担当者が十分置かれているか。

● 初動でのコスト制約（「現場の予算内でやれ」「予算は年度内でこれだけしかとっていないからその範囲内でやれ」等）

● 法務人材のローテーションとリスキリング（1線と2線とは相対化）

本研究会限り

イノベーションを支えるための第2層の実効性

1　第1層に対するエンドースメント機能

● 第1層が描く成長戦略のロジカル性等のチェック、中計の進捗状況の監督

● ①1層がなぜ行いたいのか（orなぜ行わないのか）、②その決定に至ったプロセス、考慮した要素、決定メンバー等の説明を2層に行う→説明責任の担保と1層のコミットメント・覚悟の強化（＝同時に責任の所在の明確化）。健全なリスクテイクとなる骨太さが生まれる。

● ①1層におけるdue processの整備状況、②リソースが割かれているか否か、③ガバナンス人材に対する人的資本改革の状況等

2　企業を持続的に成長させるための2層と1層との相互連携・対話

● 1層と2層とが相互不信では会社は前に進まない。2層は世間の常識を評論家的に持ち込むのではなく、当該会社における事業の現実のオペレーションに即した監督機能（監督側の錬磨）。

本研究会限り

イノベーションを支えるための第2層の役割

3　第2層が経営評価の過程で（指名、報酬等以外に）ハンズオンで関与すべき事項が何か（執行と監督の分離の実質論は米国でも長年の試行錯誤。日本では「監督」の意味自体が多義的）

● コーチング型（1層に自己責任）を超えてハンズオンで介入すると、①ドライバーズシートに二人座って物事が決まらなくなる懸念、②責任の所在が不明確になる、③現場から遠い者が決定する等の弊害が生じる事項がある

● ①1層における利益相反性の強度（攻めの事項のほうが利益相反性は低い）、②当該事象が当該企業集団の利益に与える影響度等。

● 2層に対してもbad news first（早期の情報伝達）の要請。日本の法制では情報収集権がある監査担当役員が置かれている。

4　マネジメントとインディペンデント（非常勤）の二項対立で起きうる諸摩擦を調整する三本目の矢として「社内非業務執行」「社外常勤」の役割の有益性（日本には常勤の監査担当役員の慣習がある）

本研究会限り　　　　　　　　　　　　　　　　　　　　　　　　　　　　　　　　　41

現行の上場会社法制の現場で感じるアンコンシャスバイアス

● 監査役制度は独任制、監査等委員や監査委員は内部統制部門と連携した組織監査→監査役は一人でウロウロと実査をするのが仕事？？

注　監査役・監査等委員・監査委員にはすべて、情報収集権がある。また違法行為差止などの権限行使は単独で行える。

（派生）　取締役会の「監督」と監査担当非業務執行役員の「監査」との用語の使い分け（監査「等」委員会設置会社も元は「監査監督」だったはず）

⇔　少数の人間でカバーできる領域の広さではない

⇔　違法でもないもの（あるいは違法かどうか解釈が分かれるもの）を多数決を無視して一人がブロックできる仕組みでは、物事を決められない企業体にもなる。

⇔　2層のハンズオンは、内部統制を含む1線・2線・3線の整備状況とリンク。最近の各種裁判例（監視義務や信頼の法理関連）等でいろいろと整理が進んでいる。

⇔　守りの仕事の成果は、表に出にくい。初期段階で適切な対応がなされ有事に至らなかったものを「実はこういう問題がありましたが消火しました」などと公表することは（役員等としての守秘義務もあるし）企業価値を却って毀損する。

本研究会限り　　　　　　　　　　　　　　　　　　　　　　　　　　　　　　　　　42

サステナビリティ時代における直接民主制型の難点

1　サステナビリティ事項は利害調整の複雑性などが難解。

● サステナビリティ事項は、総論では一致をみても各論ではいろいろな価値観等から乖離が激しいという性質のものが多い。当該施策に対する対応策も様々で一致した各論にならないものが多い。「Aを採ればBから激しく叩かれる」「Aをとるとバランスが変わってBの利害を新たに阻害する事態」なども起きる

● サステナ対応の中には短期利益でなく中長期的に進めていかないといけない事項が少なくない。短期志向・短期主義の動機が強い者が経営現場に影響をもたらすと、最適解のサステナ対応とならない懸念。

● サステナ対象事項は、気候変動、人的資本・人権、自然資本、DX化対応(サイバーセキュリティ対応を含む)、国家経済安全保障などきわめて多岐にわたる。中には、情報をフルオープンにした公開の場での意思決定(しかも二択型の意思決定になることが多い)は困難な事項も多い。

● サステナ事項はその多くが当該国の社会の在り方に関わる重要イシュー。上場会社はその国の社会の在り方の根幹に影響を与えるところ、「お金をたくさん持った人であれば誰でも短期的にでも株主となって当該国の社会に多大な影響を与えることができる」という制度設計を欧米会社法制は採用していない。

本研究会限り

現行の上場会社法制の現場で感じるアンコンシャスバイアス

● 2023年の私法学会「株主による意思決定を問う」商事法務2335号の議論参照

2　欧米の間接民主制型に対して日本は直接民主制の要素が強い法制のままである

　(1) 元々日本の会社法には株主利益最優先主義/株主第一主義とは一言も条文で書かれてない(神田秀樹「会社法入門[第3版]」281頁)。米独も、20世紀半ばに、業務執行事項の権限を(株主・株主総会でなく)取締役会に専属すると明記(松井秀征先生)。

　(2) 株主は入退場自由の投資家＋自らの収益最大化が責務。動機も投資の時間軸もバラバラ。短期志向の弊害、サステナ対応の困難さ

3　「株主共同の利益を守る」としても株主権限・関与のさらなる強化が得策・実効的なのかは別。株主の現行会社法上の法定権限のさらなる拡充には慎重であるべき。

　→昭和時代の株式会社とは異なった環境・前提。欧米の間接民主制型インフラの本格化。

本研究会限り

金融商品取引法研究会名簿

(令和6年7月24日現在)

会 長	神 作 裕 之	学習院大学法学部教授
委 員	飯 田 秀 総	東京大学大学院法学政治学研究科准教授
〃	大 崎 貞 和	野村総合研究所未来創発センター主席研究員
〃	尾 崎 悠 一	東京都立大学大学院法学政治学研究科教授
〃	加 藤 貴 仁	東京大学大学院法学政治学研究科教授
〃	河 村 賢 治	立教大学法学部教授
〃	小 出 篤	早稲田大学法学部教授
〃	後 藤 元	東京大学大学院法学政治学研究科教授
〃	齊 藤 真 紀	京都大学法学研究科教授
〃	武 井 一 浩	西村あさひ法律事務所パートナー弁護士
〃	中 東 正 文	名古屋大学大学院法学研究科教授
〃	松 井 智 予	東京大学大学院法学政治学研究科教授
〃	松 井 秀 征	立教大学法学部教授
〃	松 尾 健 一	大阪大学大学院高等司法研究科教授
〃	松 元 暢 子	慶應義塾大学法学部教授
〃	萬 澤 陽 子	筑波大学ビジネスサイエンス系准教授
〃	宮 下 央	ＴＭＩ総合法律事務所弁護士
〃	行 岡 睦 彦	神戸大学大学院法学研究科教授
オブザーバー	三 井 秀 範	預金保険機構理事長
〃	齊 藤 将 彦	金融庁企画市場局市場課長
〃	坂 本 岳 士	野村證券法務部長
〃	三 宅 ヨシテル	大和証券グループ本社経営企画部担当部長兼法務課長
〃	本 多 郁 子	ＳＭＢＣ日興証券法務部長
〃	安 藤 崇 明	みずほ証券法務部長
〃	窪 久 子	三菱ＵＦＪモルガン・スタンレー証券法務部長
〃	松 本 昌 男	日本証券業協会常務執行役自主規制本部長
〃	森 本 健 一	日本証券業協会政策本部共同本部長
〃	坪 倉 明 生	日本証券業協会自主規制企画部長
〃	塚 﨑 由 寛	日本取引所グループ総務部法務グループ課長
研 究 所	森 本 学	日本証券経済研究所理事長
〃	髙 木 隆	日本証券経済研究所常務理事
〃（幹事）	高 逸 薫	日本証券経済研究所研究員
〃（幹事）	永 田 裕 貴	日本証券業協会規律本部規律審査部課長

(敬称略)

［参考］ 既に公表した「金融商品取引法研究会（証券取引法研究会）研究記録」

第 1 号「裁判外紛争処理制度の構築と問題点」 2003年11月
　　　　報告者　森田章同志社大学教授

第 2 号「システム障害と損失補償問題」 2004年1月
　　　　報告者　山下友信東京大学教授

第 3 号「会社法の大改正と証券規制への影響」 2004年3月
　　　　報告者　前田雅弘京都大学教授

第 4 号「証券化の進展に伴う諸問題(倒産隔離の明確化等)」 2004年6月
　　　　報告者　浜田道代名古屋大学教授

第 5 号「EU における資本市場法の統合の動向 2005年7月
　　　　―投資商品、証券業務の範囲を中心として―」
　　　　報告者　神作裕之東京大学教授

第 6 号「近時の企業情報開示を巡る課題 2005年7月
　　　　―実効性確保の観点を中心に―」
　　　　報告者　山田剛志新潟大学助教授

第 7 号「プロ・アマ投資者の区分―金融商品・ 2005年9月
　　　　販売方法等の変化に伴うリテール規制の再編―」
　　　　報告者　青木浩子千葉大学助教授

第 8 号「目論見書制度の改革」 2005年11月
　　　　報告者　黒沼悦郎早稲田大学教授

第 9 号「投資サービス法(仮称)について」 2005年11月
　　　　報告者　三井秀範金融庁総務企画局市場課長
　　　　　　　　松尾直彦金融庁総務企画局
　　　　　　　　　　投資サービス法(仮称)法令準備室長

第 10 号「委任状勧誘に関する実務上の諸問題 2005年11月
　　　　―委任状争奪戦（proxy fight）の文脈を中心に―」
　　　　報告者　太田洋 西村ときわ法律事務所パートナー・弁護士

第 11 号「集団投資スキームに関する規制について 2005年12月
　　　　―組合型ファンドを中心に―」
　　　　報告者　中村聡 森・濱田松本法律事務所パートナー・弁護士

第 12 号「証券仲介業」 2006年3月
　　　　報告者　川口恭弘同志社大学教授

第13号「敵対的買収に関する法規制」 2006年5月
　　　　報告者　中東正文名古屋大学教授

第14号「証券アナリスト規制と強制情報開示・不公正取引規制」 2006年7月
　　　　報告者　戸田暁京都大学助教授

第15号「新会社法のもとでの株式買取請求権制度」 2006年9月
　　　　報告者　藤田友敬東京大学教授

第16号「証券取引法改正に係る政令等について」 2006年12月
　　（ＴＯＢ、大量保有報告関係、内部統制報告関係)
　　　　報告者　池田唯一　金融庁総務企画局企業開示課長

第17号「間接保有証券に関するユニドロア条約策定作業の状況」 2007年5月
　　　　報告者　神田秀樹　東京大学大学院法学政治学研究科教授

第18号「金融商品取引法の政令・内閣府令について」 2007年6月
　　　　報告者　三井秀範　金融庁総務企画局市場課長

第19号「特定投資家・一般投資家について—自主規制業務を中心に—」 2007年9月
　　　　報告者　青木浩子　千葉大学大学院専門法務研究科教授

第20号「金融商品取引所について」 2007年10月
　　　　報告者　前田雅弘　京都大学大学院法学研究科教授

第21号「不公正取引について－村上ファンド事件を中心に－」 2008年1月
　　　　報告者　太田 洋 西村あさひ法律事務所パートナー・弁護士

第22号「大量保有報告制度」 2008年3月
　　　　報告者　神作裕之　東京大学大学院法学政治学研究科教授

第23号「開示制度（Ⅰ）—企業再編成に係る開示制度および 2008年4月
　　集団投資スキーム持分等の開示制度—」
　　　　報告者　川口恭弘 同志社大学大学院法学研究科教授

第24号「開示制度（Ⅱ）—確認書、内部統制報告書、四半期報告書—」 2008年7月
　　　　報告者　戸田　暁　京都大学大学院法学研究科准教授

第25号「有価証券の範囲」 2008年7月
　　　　報告者　藤田友敬　東京大学大学院法学政治学研究科教授

第26号「民事責任規定・エンフォースメント」 2008年10月
　　　　報告者　近藤光男　神戸大学大学院法学研究科教授

第27号「金融機関による説明義務・適合性の原則と金融商品販売法」2009年1月
　　　　報告者　山田剛志　新潟大学大学院実務法学研究科准教授

第28号「集団投資スキーム（ファンド）規制」 2009年3月
　　　　報告者　中村聡 森・濱田松本法律事務所パートナー・弁護士

第29号「金融商品取引業の業規制」　　　　　　　　　　　　2009年4月
　　　　報告者　黒沼悦郎　早稲田大学大学院法務研究科教授

第30号「公開買付け制度」　　　　　　　　　　　　　　　　2009年7月
　　　　報告者　中東正文　名古屋大学大学院法学研究科教授

第31号「最近の金融商品取引法の改正について」　　　　　　2011年3月
　　　　報告者　藤本拓資　金融庁総務企画局市場課長

第32号「金融商品取引業における利益相反　　　　　　　　　2011年6月
　　　　　　―利益相反管理体制の整備業務を中心として―」
　　　　報告者　神作裕之　東京大学大学院法学政治学研究科教授

第33号「顧客との個別の取引条件における特別の利益提供に関する問題」2011年9月
　　　　報告者　青木浩子　千葉大学大学院専門法務研究科教授
　　　　　　　　松本譲治　ＳＭＢＣ日興証券　法務部長

第34号「ライツ・オファリングの円滑な利用に向けた制度整備と課題」2011年11月
　　　　報告者　前田雅弘　京都大学大学院法学研究科教授

第35号「公開買付規制を巡る近時の諸問題」　　　　　　　　2012年2月
　　　　報告者　太田 洋 西村あさひ法律事務所弁護士・NY州弁護士

第36号「格付会社への規制」　　　　　　　　　　　　　　　2012年6月
　　　　報告者　山田剛志　成城大学法学部教授

第37号「金商法第6章の不公正取引規制の体系」　　　　　　2012年7月
　　　　報告者　松尾直彦　東京大学大学院法学政治学研究科客員
　　　　　　　　教授・西村あさひ法律事務所弁護士

第38号「キャッシュ・アウト法制」　　　　　　　　　　　　2012年10月
　　　　報告者　中東正文　名古屋大学大学院法学研究科教授

第39号「デリバティブに関する規制」　　　　　　　　　　　2012年11月
　　　　報告者　神田秀樹　東京大学大学院法学政治学研究科教授

第40号「米国JOBS法による証券規制の変革」　　　　　　　2013年1月
　　　　報告者　中村聡 森・濱田松本法律事務所パートナー・弁護士

第41号「金融商品取引法の役員の責任と会社法の役員の責任　2013年3月
　　　　　　―虚偽記載をめぐる役員の責任を中心に―」
　　　　報告者　近藤光男　神戸大学大学院法学研究科教授

第42号「ドッド=フランク法における信用リスクの保持ルールについて」2013年4月
　　　　報告者　黒沼悦郎　早稲田大学大学院法務研究科教授

第43号「相場操縦の規制」　　　　　　　　　　　　　　　　2013年8月
　　　　報告者　藤田友敬　東京大学大学院法学政治学研究科教授

第 44 号「法人関係情報」 2013 年 10 月
　　　　報告者　川口恭弘　同志社大学大学院法学研究科教授
　　　　　　　　平田公一　日本証券業協会常務執行役

第 45 号「最近の金融商品取引法の改正について」 2014 年 6 月
　　　　報告者　藤本拓資　金融庁総務企画局企画課長

第 46 号「リテール顧客向けデリバティブ関連商品販売における民事責任　2014 年 9 月
　　　　　―「新規な説明義務」を中心として―」
　　　　報告者　青木浩子　千葉大学大学院専門法務研究科教授

第 47 号「投資者保護基金制度」 2014 年 10 月
　　　　報告者　神田秀樹　東京大学大学院法学政治学研究科教授

第 48 号「市場に対する詐欺に関する米国判例の動向について」 2015 年 1 月
　　　　報告者　黒沼悦郎　早稲田大学大学院法務研究科教授

第 49 号「継続開示義務者の範囲―アメリカ法を中心に―」 2015 年 3 月
　　　　報告者　飯田秀総　神戸大学大学院法学研究科准教授

第 50 号「証券会社の破綻と投資者保護基金 2015 年 5 月
　　　　　―金融商品取引法と預金保険法の交錯―」
　　　　報告者　山田剛志　成城大学大学院法学研究科教授

第 51 号「インサイダー取引規制と自己株式」 2015 年 7 月
　　　　報告者　前田雅弘　京都大学大学院法学研究科教授

第 52 号「金商法において利用されない制度と利用される制度の制限」 2015 年 8 月
　　　　報告者　松尾直彦　東京大学大学院法学政治学研究科
　　　　　　　　　　　　　客員教授・弁護士

第 53 号「証券訴訟を巡る近時の諸問題 2015 年 10 月
　　　　　―流通市場において不実開示を行った提出会社の責任を中心に―」
　　　　報告者　太田 洋 西村あさひ法律事務所パートナー・弁護士

第 54 号「適合性の原則」 2016 年 3 月
　　　　報告者　川口恭弘　同志社大学大学院法学研究科教授

第 55 号「金商法の観点から見たコーポレートガバナンス・コード」 2016 年 5 月
　　　　報告者　神作裕之　東京大学大学院法学政治学研究科教授

第 56 号「EUにおける投資型クラウドファンディング規制」 2016 年 7 月
　　　　報告者　松尾健一　大阪大学大学院法学研究科准教授

第 57 号「上場会社による種類株式の利用」 2016 年 9 月
　　　　報告者　加藤貴仁　東京大学大学院法学政治学研究科准教授

第 58 号「公開買付前置型キャッシュアウトにおける　　　　2016年11月
　　　　価格決定請求と公正な対価」
　　　　　　報告者　藤田友敬　東京大学大学院法学政治学研究科教授

第 59 号「平成26年会社法改正後のキャッシュ・アウト法制」2017 年 1 月
　　　　　　報告者　中東正文　名古屋大学大学院法学研究科教授

第 60 号「流通市場の投資家による発行会社に対する証券訴訟の実態」2017 年 3 月
　　　　　　報告者　後藤　元　東京大学大学院法学政治学研究科准教授

第 61 号「米国における投資助言業者（investment adviser）　2017 年 5 月
　　　　　　の負う信認義務」
　　　　　　報告者　萬澤陽子　専修大学法学部准教授・当研究所客員研究員

第 62 号「最近の金融商品取引法の改正について」　　　　　　2018 年 2 月
　　　　　　報告者　小森卓郎　金融庁総務企画局市場課長

第 63 号「監査報告書の見直し」　　　　　　　　　　　　　　2018 年 3 月
　　　　　　報告者　弥永真生　筑波大学ビジネスサイエンス系
　　　　　　　　　　　　　　　ビジネス科学研究科教授

第 64 号「フェア・ディスクロージャー・ルールについて」　2018 年 6 月
　　　　　　報告者　大崎貞和　野村総合研究所未来創発センターフェロー

第 65 号「外国為替証拠金取引のレバレッジ規制」　　　　　2018 年 8 月
　　　　　　報告者　飯田秀総　東京大学大学院法学政治学研究科准教授

第 66 号「一般的不公正取引規制に関する一考察」　　　　　2018年12月
　　　　　　報告者　松井秀征　立教大学法学部教授

第 67 号「仮想通貨・ＩＣＯに関する法規制・自主規制」　　2019 年 3 月
　　　　　　報告者　河村賢治　立教大学大学院法務研究科教授

第 68 号「投資信託・投資法人関連法制に関する問題意識について」2019 年 5 月
　　　　　　報告者　松尾直彦　東京大学大学院法学政治学研究科
　　　　　　　　　　　　　　　客員教授・弁護士

第 69 号「「政策保有株式」に関する開示規制の再構築について」2019 年 7 月
　　　　　　報告者　加藤貴仁　東京大学大学院法学政治学研究科教授

第 70 号「複数議決権株式を用いた株主構造のコントロール」2019 年11月
　　　　　　報告者　松井智予　上智大学大学院法学研究科教授

第 71 号「会社法・証券法における分散台帳の利用　　　　　2020 年 2 月
　　　　　　　デラウェア州会社法改正などを参考として」
　　　　　　報告者　小出　篤　学習院大学法学部教授

第 72 号「スチュワードシップコードの目的とその多様性」　2020 年 5 月
　　　　　　報告者　後藤　元　東京大学大学院法学政治学研究科教授

第 73 号「インデックスファンドとコーポレートガバナンス」 2020 年 7 月
　　　　報告者　松尾健一　大阪大学大学院高等司法研究科教授

第 74 号「株対価 M&A/株式交付制度について」 2020 年 8 月
　　　　報告者　武井一浩　西村あさひ法律事務所パートナー弁護士

第 75 号「取締役の報酬に関する会社法の見直し」 2021 年 2 月
　　　　報告者　尾崎悠一　東京都立大学大学院法学政治学研究科教授

第 76 号「投資助言業に係る規制 —ドイツ法との比較を中心として—」 2021 年 6 月
　　　　報告者　神作裕之　東京大学大学院法学政治学研究科教授

第 77 号「インサイダー取引規制について」 2021 年 8 月
　　　　報告者　宮下　央　ＴＭＩ総合法律事務所弁護士

第 78 号「敵対的買収防衛策の新局面」 2021 年 10 月
　　　　報告者　中東正文　名古屋大学大学院法学研究科教授

第 79 号「事前警告型買収防衛策の許容性 2021 年 12 月
　　　　—近時の裁判例の提起する問題—」
　　　　報告者　藤田友敬　東京大学大学院法学政治学研究科教授

第 80 号「金商法の改正案を含む最近の市場行政の動きについて」 2023 年 11 月
　　　　報告者　齊藤将彦　金融庁企画市場局市場課長

第 81 号「TOB・大量保有報告制度の見直しについて」 2023 年 11 月
　　　　報告者　大崎貞和　野村総合研究所未来創発センター主席研究員

第 82 号「公開買付けにおける意見表明は必要か？」 2023 年 12 月
　　　　報告者　宮下　央　ＴＭＩ総合法律事務所弁護士

第 83 号「日本証券業協会の社債市場活性化に向けた 2024 年 3 月
　　　　制度整備に関する取組み」
　　　　報告者　松本昌男　日本証券業協会常務執行役・自主規制本部長

第 84 号「資産運用業規制—業務委託に係る規制の見直し—」 2024 年 5 月
　　　　報告者　神作裕之　学習院大学法学部教授

第 85 号「ドイツにおける公開買付規制のエンフォースメント」 2024 年 6 月
　　　　報告者　齊藤真紀　京都大学法学研究科教授

第 86 号「米国私募規制の改正と私募市場の現状」 2024 年 7 月
　　　　報告者　松尾健一　大阪大学大学院高等司法研究科教授

当研究所の出版物の購入を希望される方は、一般書店までお申し込み下さい。
金融商品取引法研究会研究記録については研究所のホームページ https://www.jsri.or.jp/
にて全文をご覧いただけます。

金融商品取引法研究会研究記録　第 87 号

経済成長戦略と上場会社法制
　　令和 6 年 9 月 19 日
　　　　　　　　　　　定価 550 円（本体 500 円＋税 10%）

　　　　　編　者　　金 融 商 品 取 引 法 研 究 会
　　　　　発行者　　公益財団法人　日本証券経済研究所
　　　　　　　　　　東京都中央区日本橋 2-11-2
　　　　　　　　　　〒 103-0027

　　　　　　　　　　電話　03（6225）2326 代表
　　　　　　　　　　URL: https://www.jsri.or.jp

ISBN978-4-89032-706-5 C3032 ¥500E
定価 550 円（本体 500 円＋税 10%）